22 DE FEVEREIRO DE 2024

LGPD PARA CLÍNICAS MÉDICAS: PRESERVANDO A PRIVACIDADE E ÉTICA NO TRATAMENTO DE DADOS DOS PACIENTES.

PAULO RICARDO LUDGERO
contatoludgeroadvocacia@gmail.com

Sumário

PREFÁCIO

É com imenso prazer que apresento este livro abrangente e essencial, dedicado à Lei Geral de Proteção de Dados (LGPD) e seu papel crucial no contexto educacional. "LGPD para Escolas - Garantindo a Privacidade e Segurança dos Dados Educacionais" é uma obra que busca desvendar os desafios e oportunidades que a legislação proporciona às instituições de ensino, guiando-as na construção de uma cultura sólida de proteção de dados. Em um mundo cada vez mais digital e interconectado, a proteção dos dados pessoais tornou-se uma preocupação central para todos os setores, especialmente no campo da saúde. Com o avanço das tecnologias de informação e comunicação, as clínicas médicas se encontram diante de desafios complexos relacionados à privacidade e ética no tratamento das informações dos pacientes.

A Lei Geral de Proteção de Dados (LGPD) surge como uma resposta legislativa crucial para garantir a segurança e privacidade dos dados pessoais no Brasil. Nesse contexto, o livro "LGPD para Clínicas Médicas: Preservando a Privacidade e Ética no Tratamento de Dados dos Pacientes" se apresenta como uma ferramenta essencial para profissionais de saúde, gestores de clínicas e todos aqueles envolvidos no ecossistema da saúde.

Este livro, meticulosamente elaborado, oferece uma abordagem abrangente e prática sobre como as clínicas médicas podem se adequar às exigências da LGPD. Desde uma explanação detalhada dos princípios fundamentais da legislação até diretrizes específicas para o tratamento de dados sensíveis de saúde, cada capítulo fornece insights valiosos e orientações claras.

Ao explorar temas como consentimento informado, direitos dos pacientes, segurança da informação e uso de tecnologia, os autores destacam a importância de uma abordagem ética e responsável na gestão dos dados dos pacientes.

Além disso, o livro aborda questões práticas, como a implementação de prontuários eletrônicos e o relacionamento com prestadores de serviços e terceiros, oferecendo soluções tangíveis para os desafios enfrentados pelas clínicas médicas.

Ao finalizar a leitura, os leitores encontrarão não apenas um entendimento mais profundo da LGPD e suas implicações para as clínicas médicas, mas também um conjunto de boas práticas e modelos de documentos que os auxiliarão na jornada rumo à conformidade.

Em um momento em que a confiança e a segurança dos dados são essenciais para a relação médico-paciente, este livro se destaca como um guia indispensável para garantir a proteção dos direitos e privacidade dos pacientes, ao mesmo tempo em que fortalece a reputação e a confiança das clínicas médicas.

Que este livro sirva como um recurso valioso e inspirador para todas as clínicas médicas que buscam preservar a privacidade, ética e excelência no tratamento de dados dos pacientes.

Desejo a todos uma leitura enriquecedora e esclarecedora.

Paulo Ricardo Ludgero

DEDICATÓRIA

Dedico este livro primeiramente a Deus, fonte suprema de conhecimento e guia de todos os meus passos.

Dedico também, com todo o meu amor e gratidão, à minha esposa *Talita* e aos meus filhos *Victória e Enzo*, que são a minha maior motivação e me enchem de alegria e sentido todos os dias.

Aos meus professores e mentores, obrigado pelos ensinamentos, inspiração e exemplo de vida que me trouxeram até aqui.

E a todos que de alguma forma contribuíram para a realização desta obra, compartilhando seu conhecimento, experiências e aprendizados.

Que este livro cumpra seu propósito de guiar as Clinicas Médicas para a conformidade com a LGPD e para uma cultura de inovação ética e responsável. E que ele inspire muitos outros a colocar os direitos humanos no centro da transformação digital.

CAPÍTULO 1

Entendendo a LGPD (Lei Geral de Proteção de Dados).

Introdução

A Lei Geral de Proteção de Dados (LGPD) é uma legislação que visa regulamentar o tratamento de dados pessoais no Brasil, estabelecendo diretrizes e responsabilidades tanto para empresas quanto para órgãos públicos. Sua promulgação, em 2018, representou um marco significativo no cenário nacional, alinhando o país aos padrões internacionais de proteção de dados e garantindo maior controle e privacidade aos cidadãos em relação ao uso de suas informações pessoais.

Um dos principais pilares da LGPD é o consentimento do titular dos dados. Isso significa que as empresas e organizações só podem coletar, armazenar, processar e compartilhar dados pessoais mediante autorização explícita do indivíduo. Essa abordagem coloca o controle sobre suas informações nas mãos dos próprios titulares, fortalecendo o direito à autodeterminação informativa.

Além do consentimento, a LGPD estabelece princípios fundamentais que devem ser seguidos no tratamento de dados, tais como a finalidade, necessidade, transparência, segurança e prestação de contas. Isso significa que as empresas devem ter um propósito claro para a coleta e uso dos dados, limitando-se ao que é estritamente necessário para alcançar essa finalidade. Além disso, devem garantir a segurança das informações e estar preparadas para prestar contas sobre suas práticas de tratamento de dados.

A LGPD também prevê a figura do Encarregado de Proteção de Dados (DPO), responsável por orientar a empresa em relação ao cumprimento da legislação, além de servir como ponto de contato entre a empresa, os titulares dos dados e a Autoridade Nacional de Proteção de Dados (ANPD), órgão responsável por fiscalizar e aplicar as sanções previstas na lei em caso de descumprimento.

A adequação à LGPD requer um esforço significativo por parte das organizações, que precisam rever seus processos internos, adotar medidas de segurança da informação, promover a conscientização dos funcionários e implementar políticas de privacidade transparentes e acessíveis aos titulares dos dados. Apesar dos desafios, a conformidade com a LGPD não apenas fortalece a proteção dos direitos individuais, mas também contribui para a construção de relações de confiança com os clientes e para o fortalecimento da reputação da empresa.

Em resumo, a LGPD representa um importante avanço na proteção da privacidade e dos direitos dos cidadãos brasileiros no contexto digital. Ao estabelecer regras claras e responsabilidades para o tratamento de dados pessoais, a legislação busca equilibrar a inovação tecnológica com o respeito à dignidade humana, promovendo uma cultura de proteção de dados e garantindo a segurança e a privacidade dos indivíduos em um mundo cada vez mais conectado.

1. Introdução à LGPD (Lei Geral de Proteção de Dados) e Seus Princípios

A Lei Geral de Proteção de Dados (LGPD), promulgada no Brasil em 2018, é uma legislação abrangente que regula o tratamento de dados pessoais por organizações públicas e privadas. Sua promulgação representa um marco significativo na proteção da privacidade e dos direitos individuais dos cidadãos brasileiros, alinhando-se às tendências globais de proteção de dados.

A LGPD é estruturada em torno de princípios fundamentais que orientam o tratamento de dados pessoais, visando garantir a transparência, a segurança e a responsabilidade no manuseio dessas informações. Entre os princípios mais relevantes da LGPD, destacam-se:

1. Princípio da Finalidade

De acordo com este princípio, os dados pessoais devem ser coletados e tratados para propósitos legítimos, específicos e explícitos, sendo vedado o tratamento posterior de forma incompatível com essas finalidades originais. Isso implica que as organizações devem informar claramente os motivos pelos quais estão coletando dados e limitar seu uso a esses propósitos declarados.

2. Princípio da Adequação

Este princípio estabelece que o tratamento de dados pessoais deve ser realizado de maneira compatível com as finalidades informadas aos titulares dos dados, bem como deve ser pertinente, proporcional e não excessivo em relação aos propósitos para os quais os dados foram coletados.

3. Princípio da Necessidade

Conforme este princípio, o tratamento de dados pessoais deve se limitar ao mínimo necessário para a realização de suas finalidades, evitando-se a coleta e o armazenamento excessivo de informações que não sejam estritamente relevantes para os propósitos pretendidos.

4. Princípio do Consentimento

A LGPD estabelece que o tratamento de dados pessoais depende do consentimento livre, informado e inequívoco do titular dos dados, a menos que haja outra base legal para o referido tratamento. O consentimento deve ser obtido por meio de comunicação clara e acessível, garantindo que os titulares dos dados compreendam as consequências de fornecer seu consentimento.

5. Princípio da Segurança

Este princípio determina que as organizações devem adotar medidas técnicas e organizacionais adequadas para proteger os dados pessoais contra acessos não autorizados, vazamentos, perdas ou danos. Isso inclui a implementação de políticas de segurança, a utilização de criptografia, o controle de acesso aos dados e a realização de auditorias regulares.

6. Princípio da Transparência

De acordo com este princípio, as organizações devem fornecer informações claras, precisas e acessíveis sobre suas práticas de tratamento de dados pessoais, incluindo a identidade do controlador dos dados, as finalidades do tratamento, os direitos dos titulares dos dados e os procedimentos para exercer esses direitos.

7. Princípio da Prestação de Contas

Este princípio estabelece que as organizações devem ser capazes de demonstrar o cumprimento das normas de proteção de dados estabelecidas pela LGPD, mantendo registros detalhados de suas atividades de tratamento de dados, implementando políticas de governança de dados e designando responsáveis pelo cumprimento das disposições legais.

Esses princípios fundamentais da LGPD refletem os valores de privacidade, transparência, responsabilidade e segurança que devem orientar o tratamento de dados pessoais no Brasil, promovendo a confiança dos cidadãos nas práticas das organizações e garantindo o respeito aos seus direitos fundamentais. Como especialistas em proteção de dados, é crucial entender e aplicar esses princípios em todas as atividades de tratamento de dados, garantindo o cumprimento integral das disposições da LGPD e contribuindo para uma cultura de respeito à privacidade e à segurança da informação.

2. O Contexto das Clínicas Médicas e a LGPD

No contexto das clínicas médicas, a proteção de dados tornou-se uma preocupação primordial com a implementação da Lei Geral de Proteção de Dados (LGPD). Esta legislação, promulgada em 2018, representa um marco significativo na regulamentação do tratamento de dados pessoais no Brasil, afetando diretamente o setor da saúde.

As clínicas médicas são ambientes que lidam diariamente com uma vasta quantidade de dados sensíveis dos pacientes, incluindo informações médicas, históricos clínicos, e detalhes financeiros. Diante disso, a conformidade com a LGPD exige uma revisão abrangente dos processos de coleta, armazenamento e compartilhamento de dados, bem como a implementação de medidas de segurança adequadas para proteger essas informações.

Um dos aspectos fundamentais da LGPD é o consentimento do titular dos dados. As clínicas médicas precisam garantir que obtenham o consentimento explícito dos pacientes para o tratamento de seus dados, explicando de forma clara e transparente como essas informações serão utilizadas. Além disso, é essencial que os pacientes tenham o direito de acessar, corrigir e, se necessário, excluir seus dados pessoais, conforme previsto na legislação.

Outro ponto crucial é a adoção de medidas de segurança da informação para proteger os dados contra acessos não autorizados, vazamentos ou qualquer forma de violação de privacidade. Isso inclui a implementação de sistemas de criptografia, controle de acesso, e protocolos de segurança robustos para garantir a integridade e confidencialidade das informações dos pacientes.

Além disso, as clínicas médicas devem estar atentas às diretrizes da LGPD em relação à transferência internacional de dados. Caso haja a necessidade de compartilhamento de informações com entidades fora do território nacional, é imprescindível garantir que essas transferências estejam em conformidade com as disposições legais, protegendo assim os direitos e privacidade dos pacientes.

Em resumo, o contexto das clínicas médicas na era da LGPD requer uma abordagem proativa e diligente no que diz respeito à proteção de dados pessoais. A conformidade com essa legislação não apenas fortalece a confiança dos pacientes, mas também contribui para a integridade e reputação das instituições de saúde, garantindo que o tratamento dos dados seja realizado de forma ética, responsável e segura.

Certamente, o tema da LGPD no contexto das clínicas médicas é realmente vasto e complexo, abrindo espaço para uma exploração mais aprofundada.

Uma área de destaque é a necessidade de realizar avaliações de impacto à proteção de dados (AIPD), especialmente em clínicas médicas que lidam com um grande volume de informações sensíveis. Essas avaliações são essenciais para identificar e mitigar potenciais riscos à privacidade dos pacientes, garantindo que os processos de tratamento de dados estejam em conformidade com os princípios estabelecidos pela LGPD.

Além disso, a gestão de incidentes de segurança da informação torna-se crucial. As clínicas médicas devem estar preparadas para responder de forma rápida e eficaz a possíveis violações de dados, seguindo os protocolos adequados para notificar as autoridades competentes e os pacientes afetados, conforme exigido pela legislação.

Outro aspecto importante é a nomeação de um encarregado de proteção de dados (DPO), responsável por supervisionar a conformidade com a LGPD dentro da clínica médica. O DPO desempenha um papel fundamental na implementação de políticas e procedimentos internos, bem como na realização de treinamentos regulares para conscientizar os funcionários sobre a importância da proteção de dados.

Além disso, é fundamental destacar a importância da educação e conscientização dos pacientes sobre seus direitos de privacidade. As clínicas médicas podem promover a transparência e a confiança por meio da divulgação de políticas de privacidade claras e da realização de campanhas informativas sobre como os dados dos pacientes são coletados, armazenados e utilizados.

Por fim, a LGPD também traz oportunidades para a inovação e o desenvolvimento de soluções tecnológicas que promovam a proteção de dados na área da saúde. Isso inclui o uso de sistemas de gestão de dados seguros, inteligência artificial para análise de riscos, e blockchain para garantir a integridade e autenticidade das informações médicas.

Portanto, como especialista neste campo, é essencial reconhecer a complexidade e a importância da LGPD no contexto das clínicas médicas, e estar continuamente atualizado sobre as melhores práticas e regulamentações para garantir a segurança e privacidade dos dados dos pacientes.

Com certeza! Vamos aprofundar ainda mais esse tema tão crucial para o setor de saúde.

Outro aspecto relevante é a necessidade de estabelecer parcerias estratégicas com fornecedores de serviços que também estejam em conformidade com a LGPD. Isso inclui empresas de tecnologia da informação que fornecem sistemas de gestão de dados, serviços de armazenamento em nuvem e soluções de segurança cibernética. Ao selecionar fornecedores que adotam medidas robustas de proteção de dados, as clínicas médicas podem garantir uma cadeia de suprimentos segura e confiável, minimizando os riscos de violações de privacidade.

Além disso, a LGPD também impacta a pesquisa clínica e a coleta de dados para estudos científicos. As clínicas médicas envolvidas em pesquisas devem adotar medidas adicionais para proteger a privacidade dos participantes, garantindo que o consentimento informado seja obtido de acordo com os padrões éticos e legais estabelecidos. Isso inclui a anonimização dos dados sempre que possível e a implementação de medidas de segurança robustas para proteger informações confidenciais.

É importante ressaltar que a conformidade com a LGPD não é apenas uma questão de cumprir as leis, mas também uma oportunidade para promover uma cultura de privacidade e segurança dentro das clínicas médicas. Isso envolve a criação de políticas internas claras, a realização de treinamentos regulares para funcionários e a designação de recursos adequados para garantir a conformidade contínua com os requisitos da legislação.

Além disso, as clínicas médicas podem aproveitar a conformidade com a LGPD como um diferencial competitivo, destacando seu compromisso com a proteção de dados e a privacidade dos pacientes. Isso não apenas fortalece a confiança dos pacientes, mas também pode atrair novos clientes que valorizam a segurança e a transparência no tratamento de suas informações pessoais.

Em suma, como especialista neste campo em constante evolução, é essencial reconhecer os diversos aspectos e desafios relacionados à conformidade com a LGPD no contexto das clínicas médicas, e estar preparado para adaptar-se às mudanças regulatórias e tecnológicas que surgem nesse ambiente dinâmico.

Outro ponto importante a ser considerado é a interseção entre a LGPD e outras regulamentações específicas do setor de saúde, como o prontuário eletrônico do paciente (PEP) e as normas de boas práticas clínicas. As clínicas médicas devem garantir que suas práticas de tratamento de dados estejam alinhadas não apenas com os requisitos gerais da

LGPD, mas também com as exigências específicas dessas regulamentações, garantindo assim uma abordagem abrangente e integrada à proteção de dados.

Além disso, a LGPD impõe obrigações adicionais às clínicas médicas no que diz respeito à comunicação com os pacientes sobre o uso de seus dados pessoais. Isso inclui a transparência no momento da coleta de dados, a prestação de informações claras sobre os fins para os quais os dados serão utilizados, e a garantia de que os pacientes possam exercer seus direitos de privacidade de forma eficaz, como o direito de acesso, retificação e exclusão de dados.

Outro aspecto a ser considerado é o impacto da LGPD no marketing e na publicidade no contexto das clínicas médicas. As estratégias de marketing que envolvem o uso de dados pessoais dos pacientes, como o envio de newsletters ou o direcionamento de anúncios online, devem estar em conformidade com os princípios e requisitos estabelecidos pela legislação. Isso inclui a obtenção de consentimento válido dos pacientes antes de utilizar seus dados para fins de marketing, bem como a garantia de que as informações sejam tratadas de forma segura e transparente.

Por fim, é importante destacar que a conformidade com a LGPD não é um processo estático, mas sim um esforço contínuo de avaliação, melhoria e adaptação às mudanças no ambiente regulatório e tecnológico. As clínicas médicas devem estar preparadas para revisar e atualizar regularmente suas políticas e práticas de proteção de dados, garantindo assim a conformidade contínua e a proteção eficaz das informações dos pacientes.

Em conclusão, como especialista neste campo, é fundamental reconhecer a complexidade e a importância da LGPD no contexto das clínicas médicas, e estar preparado para abordar uma variedade de desafios e questões relacionadas à proteção de dados e privacidade dos pacientes.

Diante da complexidade e dos diversos aspectos abordados, fica evidente que a conformidade com a LGPD no contexto das clínicas médicas demanda uma abordagem abrangente e multifacetada.

Desde a revisão dos processos de coleta e tratamento de dados até a implementação de medidas de segurança robustas e a conscientização dos pacientes sobre seus direitos de privacidade, as clínicas médicas enfrentam uma série de desafios e responsabilidades no que diz respeito à proteção de dados.

Ao longo deste texto, exploramos temas como consentimento do titular dos dados, gestão de incidentes de segurança da informação, parcerias estratégicas com fornecedores de serviços, interseção com outras regulamentações do setor de saúde, comunicação transparente com os pacientes e impacto no marketing e na publicidade. Cada um desses aspectos contribui para uma compreensão mais completa e aprofundada do que é necessário para garantir a conformidade com a LGPD e a proteção eficaz dos dados dos pacientes.

Em última análise, a conformidade com a LGPD não deve ser encarada apenas como uma obrigação legal, mas sim como uma oportunidade para promover uma cultura de privacidade e segurança dentro das clínicas médicas. Ao adotar uma abordagem proativa e diligente em relação à proteção de dados, as clínicas médicas podem não apenas fortalecer a confiança dos pacientes, mas também garantir a integridade e a reputação das instituições de saúde no mercado.

Portanto, como especialista neste campo em constante evolução, é essencial reconhecer a importância da LGPD como um catalisador para aprimorar as práticas de proteção de dados e promover a confiança e a transparência no tratamento das informações dos pacientes. Ao fazer isso, as clínicas médicas não apenas cumprem com suas obrigações legais, mas também se destacam como líderes em segurança e privacidade no setor de saúde.

CAPÍTULO 2

O SETOR DE SAÚDE E SEUS DESAFIOS DE PRIVACIDADE

2.1. Descrição do setor de saúde e seus desafios de privacidade relacionado a LGPD

Introdução:

Como especialista em LGPD para o setor de saúde, é crucial reconhecer os desafios de privacidade enfrentados em meio à implementação da Lei Geral de Proteção de Dados (LGPD). No contexto da saúde, a proteção de dados pessoais é de extrema importância, considerando a sensibilidade das informações médicas e o potencial impacto na vida dos pacientes.

Um dos principais desafios é garantir a conformidade com a LGPD, que exige uma abordagem abrangente para proteger os dados pessoais dos pacientes. Isso inclui a necessidade de implementar medidas técnicas e organizacionais adequadas para garantir a segurança e a privacidade dos dados, desde a coleta até o armazenamento e o compartilhamento.

No setor de saúde, os dados são frequentemente compartilhados entre diferentes profissionais, instituições e sistemas de informação para garantir a prestação de cuidados adequados ao paciente. No entanto, esse compartilhamento de dados também aumenta o risco de violações de privacidade, especialmente se as medidas de segurança não forem devidamente implementadas.

Além disso, o uso de tecnologias emergentes, como inteligência artificial e análise de big data, apresenta desafios adicionais em termos de proteção de dados. Essas tecnologias têm o potencial de melhorar significativamente a prestação de cuidados de saúde, mas também levantam questões sobre a privacidade e a segurança dos dados pessoais dos pacientes.

Outro desafio importante é garantir a conscientização e o treinamento adequados para os profissionais de saúde sobre as melhores práticas de proteção de dados. Isso inclui a educação sobre como reconhecer e relatar violações de dados, bem como a implementação de políticas e procedimentos claros para lidar com incidentes de segurança.

Em resumo, o setor de saúde enfrenta desafios significativos em relação à proteção de dados e privacidade, especialmente com a implementação da LGPD. Para garantir a conformidade e proteger efetivamente os dados pessoais dos pacientes, é essencial adotar uma abordagem proativa que inclua medidas técnicas, organizacionais e educacionais adequadas. Além dos desafios mencionados anteriormente, a interoperabilidade de sistemas de saúde também é uma questão crítica que afeta a privacidade dos dados. Com a crescente digitalização dos registros médicos e a proliferação de sistemas de informações de saúde, surge a necessidade de garantir que esses sistemas possam se comunicar de maneira segura e eficaz, sem comprometer a privacidade dos pacientes.

A interoperabilidade pode aumentar o risco de violações de dados se as interfaces entre sistemas não forem devidamente protegidas. Além disso, a integração de diferentes sistemas pode resultar na coleta e no compartilhamento excessivo de dados, o que pode comprometer a privacidade dos pacientes se não forem implementados controles adequados.

Outro desafio relacionado à privacidade dos dados de saúde é a crescente utilização de dispositivos médicos conectados à Internet das Coisas (IoT). Esses dispositivos, como monitores de saúde wearable e dispositivos de monitoramento remoto, coletam uma quantidade significativa de dados pessoais dos pacientes. Garantir a segurança e a privacidade desses dados é essencial para proteger os pacientes contra potenciais violações de privacidade e riscos à segurança.

Além disso, a natureza global do setor de saúde também apresenta desafios adicionais em relação à proteção de dados e privacidade. Com o aumento do turismo médico e o compartilhamento internacional de dados de pacientes para fins de pesquisa e tratamento, surge a necessidade de garantir que os dados pessoais dos pacientes sejam protegidos de acordo com os padrões internacionais de privacidade e segurança.

Em suma, os desafios de privacidade no setor de saúde relacionados à LGPD são complexos e multifacetados. Para enfrentá-los efetivamente, é essencial adotar uma abordagem abrangente que leve em consideração os aspectos técnicos, organizacionais, educacionais e internacionais da proteção de dados e privacidade no contexto da prestação de cuidados de saúde.

Ademais, a questão da transparência no uso dos dados de saúde também é fundamental. Os pacientes devem ser informados de maneira clara e transparente sobre como seus dados serão utilizados, quem terá acesso a eles e quais medidas estão sendo tomadas para proteger sua privacidade. Isso não apenas fortalece a confiança entre os pacientes e os provedores de saúde, mas também garante que os pacientes possam exercer efetivamente seus direitos de privacidade, conforme estabelecido pela LGPD.

Outro aspecto importante é a necessidade de promover uma cultura de segurança cibernética e proteção de dados dentro das organizações de saúde. Isso inclui a designação de responsáveis pela proteção de dados, a realização de avaliações regulares de risco e a implementação de medidas de segurança técnicas, como a criptografia de dados e o acesso restrito aos sistemas de informação de saúde.

Além disso, é essencial estar ciente das tendências e desenvolvimentos futuros no campo da proteção de dados e privacidade, especialmente à medida que novas tecnologias e regulamentações continuam a surgir. Isso pode envolver a participação ativa em grupos de trabalho e fóruns de discussão sobre privacidade de dados de saúde, bem como a colaboração com outras organizações do setor para compartilhar melhores práticas e lições aprendidas.

Em resumo, os desafios de privacidade no setor de saúde relacionados à LGPD exigem uma abordagem holística e colaborativa que leve em consideração os interesses e direitos dos pacientes, a conformidade regulatória, a segurança cibernética e as tendências futuras. Somente através de esforços coordenados e contínuos será possível proteger efetivamente os dados pessoais dos pacientes e garantir a confiança no sistema de saúde como um todo.

Em última análise, a proteção da privacidade dos dados de saúde no contexto da LGPD é um desafio contínuo que exige uma abordagem proativa e abrangente. É essencial que as organizações de saúde reconheçam a importância crítica de proteger os dados pessoais dos pacientes e implementem medidas robustas para garantir sua segurança e privacidade em todas as fases do ciclo de vida dos dados.

Isso inclui a adoção de políticas e procedimentos claros, a implementação de tecnologias de segurança adequadas, o treinamento e a conscientização dos profissionais de saúde, a transparência no uso dos dados e a colaboração com outras partes interessadas do setor.

Ao enfrentar esses desafios, as organizações de saúde não apenas garantem a conformidade com a LGPD e outras regulamentações relevantes, mas também fortalecem a confiança dos pacientes e a integridade do sistema de saúde como um todo.

Portanto, é imperativo que as organizações de saúde abordem esses desafios de privacidade de dados de forma proativa e contínua, garantindo que os mais altos padrões de segurança e privacidade sejam mantidos em todas as interações com os dados de saúde dos pacientes. Somente assim poderemos garantir um futuro onde a confiança e a integridade do sistema de saúde sejam preservadas para o benefício de todos.

2.2. RELEVÂNCIA DA LGPD PARA CLÍNICAS MÉDICAS E PACIENTES

A Lei Geral de Proteção de Dados (LGPD) é uma legislação que tem grande relevância para clínicas médicas e pacientes, pois estabelece diretrizes claras para o tratamento e proteção dos dados pessoais, o que impacta diretamente na segurança e privacidade das informações dos pacientes. Abaixo, discutirei alguns pontos-chave sobre a importância da LGPD para essas partes interessadas:

1. **Proteção dos Dados Pessoais dos Pacientes**

A LGPD estabelece normas específicas para o tratamento de dados pessoais, incluindo informações de saúde. Isso significa que as clínicas médicas devem adotar medidas rigorosas para proteger as informações confidenciais dos pacientes contra acessos não autorizados, vazamentos ou uso indevido. Ao cumprir essas regulamentações, as clínicas garantem a confiança dos pacientes na segurança de seus dados.

2. Consentimento Informado

A LGPD enfatiza a importância do consentimento informado para o processamento de dados pessoais. Isso significa que as clínicas médicas precisam obter o consentimento explícito dos pacientes antes de coletar, armazenar ou utilizar suas informações de saúde. Esse processo de consentimento deve ser transparente, claro e voluntário, garantindo que os pacientes tenham controle sobre o uso de seus dados.

3. Transparência e Responsabilidade

A LGPD exige que as clínicas médicas sejam transparentes sobre como coletam, armazenam e utilizam os dados dos pacientes. Além disso, as clínicas devem adotar medidas adequadas para garantir a segurança e a privacidade dessas informações. Isso inclui a implementação de políticas de segurança da informação, a nomeação de um encarregado de proteção de dados e a adoção de práticas de minimização de dados, ou seja, coletar apenas as informações necessárias para a prestação dos serviços de saúde.

4. Direitos dos Titulares dos Dados

A LGPD concede aos pacientes uma série de direitos em relação aos seus dados pessoais. Isso inclui o direito de acessar, corrigir, excluir e portar seus dados, bem como o direito de revogar o consentimento a qualquer momento. As clínicas médicas devem estar preparadas para atender a essas solicitações dentro dos prazos estabelecidos pela lei, garantindo o exercício pleno dos direitos dos pacientes.

5. Impacto na Confiança e Reputação

O cumprimento da LGPD não apenas protege os pacientes contra violações de privacidade, mas também pode fortalecer a confiança e a reputação das clínicas médicas. Os pacientes estão cada vez mais conscientes sobre a importância da privacidade de seus dados e tendem a buscar serviços de saúde que demonstrem comprometimento com a segurança e a proteção de suas informações pessoais.

Em resumo, a LGPD é fundamental para garantir a proteção dos dados pessoais dos pacientes e estabelecer padrões claros de segurança e privacidade no contexto das clínicas médicas. O cumprimento dessas regulamentações não apenas fortalece a confiança dos pacientes, mas também ajuda as clínicas a se manterem em conformidade com a legislação e a evitar possíveis sanções e penalidades.

2.3. COMO A LGPD SE APLICA ESPECIFICAMENTE ÀS CLÍNICAS MÉDICAS

A Lei Geral de Proteção de Dados (LGPD) se aplica de forma significativa às clínicas médicas devido à sensibilidade dos dados pessoais que lidam, como informações de saúde dos pacientes. Isso implica que as clínicas devem garantir a segurança e privacidade desses dados, implementando medidas técnicas e organizacionais adequadas, como a nomeação de um encarregado de proteção de dados, a obtenção de consentimento adequado dos pacientes para o processamento de seus dados e a adoção de políticas de segurança da informação. Além disso, a LGPD estabelece direitos aos titulares dos dados, como o acesso, correção e exclusão de informações, o que requer uma gestão cuidadosa dos registros médicos. O não cumprimento das disposições da LGPD pode resultar em sanções significativas, incluindo multas financeiras. Portanto, é essencial que as clínicas médicas estejam totalmente em conformidade com a legislação para evitar qualquer violação de dados e suas consequências.

Além disso, as clínicas médicas devem estar atentas aos princípios fundamentais da LGPD, como o princípio da necessidade, que exige que apenas os dados estritamente necessários para a finalidade específica sejam coletados e processados. Isso implica revisar e ajustar os procedimentos de coleta e armazenamento de dados para garantir que apenas informações relevantes sejam mantidas. Além disso, é crucial que as clínicas médicas estabeleçam protocolos claros para lidar com incidentes de segurança de dados, como violações ou vazamentos, garantindo que sejam prontamente comunicados às autoridades competentes e aos titulares dos dados afetados.

Outro aspecto importante é a necessidade de realizar avaliações de impacto à proteção de dados (AIPD) sempre que houver processamento de dados pessoais que apresente riscos à privacidade dos pacientes. Essas avaliações ajudam a identificar e mitigar possíveis riscos, demonstrando o compromisso da clínica com a proteção da privacidade dos dados.

Em resumo, a LGPD impõe uma série de obrigações e responsabilidades às clínicas médicas no que diz respeito ao tratamento de dados pessoais de pacientes. Portanto, é essencial que essas clínicas compreendam completamente os requisitos da legislação e implementem medidas adequadas para garantir conformidade, proteção e segurança dos dados de saúde de seus pacientes.

Claro, vou me aprofundar mais nos aspectos específicos de como a LGPD se aplica às clínicas médicas:

1. Consentimento do Paciente

A LGPD requer que o consentimento do paciente seja obtido de forma clara e inequívoca para o processamento de seus dados pessoais. Isso significa que as clínicas médicas devem informar aos pacientes de forma transparente sobre como seus dados serão utilizados, garantindo que o consentimento seja livremente dado, específico, informado e revogável a qualquer momento.

2. Segurança da Informação

Clínicas médicas devem implementar medidas adequadas de segurança da informação para proteger os dados pessoais dos pacientes contra acessos não autorizados, vazamentos, alterações ou destruição. Isso inclui a adoção de tecnologias de criptografia, firewalls, políticas de acesso restrito e treinamento regular para funcionários sobre práticas de segurança.

3. Encarregado de Proteção de Dados (DPO)

É obrigatório que as clínicas médicas designem um Encarregado de Proteção de Dados (DPO) responsável por monitorar a conformidade com a LGPD e servir como ponto de contato entre a clínica, os pacientes e a Autoridade Nacional de Proteção de Dados (ANPD).

4. Transferência Internacional de Dados

Se uma clínica médica realiza transferências internacionais de dados, é necessário garantir que essas transferências estejam em conformidade com as disposições da LGPD. Isso pode exigir a implementação de cláusulas contratuais padrão ou outras medidas de segurança adequadas.

5. Registro das Atividades de Tratamento

As clínicas médicas são obrigadas a manter registros detalhados de todas as atividades de tratamento de dados pessoais realizadas, incluindo informações sobre os propósitos do tratamento, categorias de dados pessoais envolvidos, medidas de segurança adotadas e informações sobre transferências de dados.

6. Responsabilidade e Prestação de Contas

As clínicas médicas são responsáveis por garantir que todos os aspectos do tratamento de dados pessoais estejam em conformidade com a LGPD. Isso inclui a capacidade de demonstrar conformidade por meio da manutenção de documentação adequada, cooperação com a ANPD em investigações e o cumprimento de requisitos específicos de relatório.

Em suma, a LGPD exige que as clínicas médicas adotem uma abordagem proativa e abrangente para proteger os dados pessoais de seus pacientes, garantindo transparência, segurança e respeito aos direitos dos titulares dos dados.

O não cumprimento desses requisitos pode resultar em multas substanciais e danos à reputação da clínica. Portanto, é essencial que as clínicas médicas implementem medidas adequadas para garantir conformidade com a legislação.

O consentimento do paciente é fundamental porque é a base legal para o processamento dos seus dados pessoais pela clínica médica. Ao fornecer o consentimento, o paciente está dando permissão explícita para que a clínica colete, armazene e utilize suas informações de saúde para propósitos específicos, como tratamento médico, emissão de receitas, agendamento de consultas, entre outros.

Além disso, o consentimento permite que o paciente tenha controle sobre seus dados pessoais, garantindo que ele esteja ciente de como suas informações serão utilizadas e para quais finalidades. Isso promove a transparência e a confiança entre o paciente e a clínica médica.

Sem o consentimento adequado, a clínica médica não tem o direito legal de processar os dados pessoais do paciente, o que poderia resultar em violações da LGPD e possíveis consequências legais, como multas e penalidades.

Portanto, o consentimento do paciente é essencial para garantir que o processamento de dados pessoais seja realizado de maneira ética, legal e respeitosa aos direitos individuais de privacidade e autonomia.

A segurança da informação oferece diversas vantagens para as clínicas médicas, especialmente em relação ao cumprimento da LGPD e à proteção dos dados pessoais dos pacientes. Algumas das vantagens incluem:

1. Proteção dos Dados Pessoais

Implementar medidas de segurança da informação ajuda a proteger os dados pessoais dos pacientes contra acessos não autorizados, vazamentos, alterações ou destruição. Isso significa que as informações de saúde dos pacientes estarão mais seguras e menos suscetíveis a violações de privacidade.

2. Conformidade Legal

A segurança da informação é um requisito fundamental para cumprir as disposições da LGPD. Ao garantir que os dados pessoais dos pacientes estejam protegidos de acordo com as melhores práticas de segurança, as clínicas médicas podem evitar possíveis multas e sanções decorrentes de violações da legislação.

3. Preservação da Confiança do Paciente

Quando os pacientes percebem que suas informações de saúde estão sendo tratadas com cuidado e segurança, eles tendem a confiar mais na clínica médica e nos profissionais de saúde que a operam. Isso fortalece o relacionamento entre pacientes e clínicas, promovendo uma experiência positiva e aumentando a fidelidade do paciente.

4. Redução de Riscos Financeiros e Reputacionais

Uma violação de dados pode resultar em custos significativos para uma clínica médica, incluindo multas, ações judiciais, custos de investigação e danos à reputação. Investir em segurança da informação ajuda a reduzir esses riscos, protegendo tanto os pacientes quanto a própria clínica contra consequências financeiras e danos à reputação.

5. Eficiência Operacional

Implementar medidas de segurança da informação pode melhorar a eficiência operacional das clínicas médicas, reduzindo o tempo e os recursos necessários para lidar com incidentes de segurança, investigações regulatórias e ações corretivas. Isso permite que a equipe se concentre mais em fornecer cuidados de saúde de qualidade aos pacientes.

Em resumo, a segurança da informação é fundamental para proteger os dados pessoais dos pacientes, garantir conformidade legal, preservar a confiança do paciente, reduzir riscos financeiros e reputacionais, e promover eficiência operacional nas clínicas médicas.

Vamos analisar os prós e os contras de ter um DPO fixo versus um DPO terceirizado por meio de consultoria em clínicas médicas:

DPO. Fixo:

**PRÓS: **

1. Conhecimento Interno:

Um DPO fixo pode desenvolver um profundo conhecimento interno das operações da clínica, facilitando a adaptação das políticas de proteção de dados às necessidades específicas da organização.

2. Acesso Contínuo

Como parte da equipe interna, o DPO fixo está disponível para responder a consultas e lidar com questões relacionadas à proteção de dados de forma contínua, o que pode agilizar o processo de conformidade.

3. Compromisso Total

Um DPO fixo pode estar mais investido no sucesso a longo prazo da clínica, desenvolvendo uma cultura de privacidade de dados e garantindo a conformidade de forma consistente.

**CONTRAS: **

1. Custo Fixo:

Manter um DPO fixo pode representar um custo fixo significativo para a clínica, especialmente se não houver atividades de proteção de dados suficientes para justificar a contratação em tempo integral.

2. Falta de Diversidade de Experiência:

Um DPO fixo pode ter uma visão limitada das melhores práticas de proteção de dados, resultando em soluções menos inovadoras ou adaptáveis.

3. Potencial de Conflito de Interesses:

Um DPO fixo pode enfrentar pressões internas para tomar decisões que não sejam necessariamente as melhores em termos de proteção de dados, especialmente se essas decisões entrarem em conflito com os objetivos operacionais da clínica.

DPO TERCEIRIZADO (CONSULTORIA)

PRÓS:

1. Custo Variável

Contratar um DPO por meio de consultoria pode oferecer à clínica maior flexibilidade de custos, pois os honorários podem ser ajustados de acordo com as necessidades e o volume de trabalho.

2. Expertise Externa

Um DPO terceirizado pode trazer uma perspectiva externa e experiência diversificada em proteção de dados, fornecendo insights valiosos e soluções inovadoras para desafios específicos da clínica.

3. Independência

Um DPO terceirizado pode ser mais independente em suas decisões e menos propenso a influências internas ou conflitos de interesse, priorizando sempre a conformidade com a legislação de proteção de dados.

CONTRAS:

1. Menos Conhecimento Interno

Um DPO terceirizado pode levar mais tempo para se familiarizar com as operações e políticas da clínica, o que pode atrasar a implementação de medidas de proteção de dados.

2. Disponibilidade Limitada

Um DPO terceirizado pode não estar disponível imediatamente para responder a consultas ou lidar com emergências, dependendo do acordo contratual estabelecido.

3. Potencial de Desconexão

Um DPO terceirizado pode ter menos oportunidades de se envolver ativamente na cultura e nos processos internos da clínica, o que pode limitar sua eficácia na implementação de medidas de proteção de dados.

Em conclusão, tanto um DPO fixo quanto um DPO terceirizado por meio de consultoria têm vantagens e desvantagens distintas. A escolha entre os dois sistemas dependerá das necessidades específicas da clínica, sua capacidade de investimento, o volume de trabalho relacionado à proteção de dados e a importância de ter conhecimento interno versus expertise externa.

Vamos explorar as vantagens e desvantagens da transferência internacional de dados para clínicas médicas:

VANTAGENS:

1. Colaboração Global: A transferência internacional de dados permite que clínicas médicas compartilhem informações com parceiros, fornecedores ou profissionais de saúde em outros países, facilitando a colaboração global e o acesso a expertise especializada.

2. Acesso a Tecnologias Avançadas: Em alguns casos, a transferência internacional de dados pode ser necessária para acessar tecnologias avançadas, como sistemas de gestão de saúde baseados em nuvem ou plataformas de telemedicina desenvolvidas em outros países.

3. Continuidade do Atendimento: Para pacientes que viajam para o exterior ou que têm residência em mais de um país, a transferência internacional de dados pode garantir a continuidade do atendimento médico, permitindo que suas informações de saúde sejam acessadas onde quer que estejam.

DESVANTAGENS:

1. **Riscos de Segurança e Privacidade:** A transferência internacional de dados pode aumentar os riscos de segurança e privacidade, uma vez que as leis e regulamentos de proteção de dados podem variar de país para país, e os dados podem estar sujeitos a diferentes níveis de proteção.

2. **Complicação da Conformidade Legal:** As clínicas médicas que transferem dados internacionalmente precisam garantir que estão em conformidade com as leis de proteção de dados tanto do país de origem quanto do país de destino. Isso pode ser complicado e exigir a implementação de medidas adicionais de segurança e proteção de dados.

3. **Barreiras Linguísticas e Culturais:** A transferência internacional de dados pode envolver comunicação com parceiros ou fornecedores em diferentes países, o que pode ser complicado devido a barreiras linguísticas e culturais, aumentando o potencial de mal-entendidos ou conflitos.

4. **Custo e Complexidade Adicionais:** Garantir a conformidade com as leis de proteção de dados em diferentes países pode adicionar custos e complexidade adicionais para as clínicas médicas, incluindo a necessidade de consultoria jurídica especializada e investimentos em tecnologia de segurança da informação.

Em resumo, enquanto a transferência internacional de dados pode oferecer benefícios significativos em termos de colaboração global e acesso a tecnologias avançadas, também apresenta desafios e riscos importantes relacionados à segurança, privacidade, conformidade legal e complexidade operacional. As clínicas médicas devem avaliar cuidadosamente esses aspectos ao decidir transferir dados internacionalmente e implementar medidas adequadas para mitigar os riscos envolvidos.

O registro das atividades de tratamento é uma exigência da LGPD e desempenha um papel crucial na garantia da conformidade com a legislação de proteção de dados. Existem várias razões pelas quais o registro das atividades de tratamento é importante para clínicas médicas:

1. **Transparência e Prestação de Contas:** Manter registros detalhados das atividades de tratamento de dados pessoais demonstra transparência nas práticas de privacidade da clínica médica. Isso permite que os pacientes saibam como seus dados estão sendo tratados e oferece uma camada adicional de prestação de contas, demonstrando que a clínica está agindo de acordo com os requisitos legais.

2. **Facilita a Auditoria e Supervisão:** Os registros das atividades de tratamento fornecem uma trilha de auditoria que pode ser revisada internamente ou por autoridades reguladoras, como a Autoridade Nacional de Proteção de Dados (ANPD). Isso ajuda a garantir que as práticas de proteção de dados da clínica estejam em conformidade com as disposições da LGPD e fornece evidências caso surjam investigações ou auditorias.

3. **Identificação e Mitigação de Riscos**: Manter registros detalhados das atividades de tratamento permite que a clínica identifique e avalie possíveis riscos à privacidade dos dados dos pacientes. Isso inclui identificar vulnerabilidades de segurança, áreas de não conformidade com as políticas internas e potenciais ameaças à segurança da

informação. Com essa informação, a clínica pode implementar medidas corretivas e mitigar riscos de forma proativa.

4. Suporte a Avaliações de Impacto à Proteção de Dados (AIPD): Os registros das atividades de tratamento são essenciais para conduzir avaliações de impacto à proteção de dados, conforme exigido pela LGPD em determinadas circunstâncias. Essas avaliações ajudam a identificar e avaliar os impactos potenciais das operações de tratamento de dados sobre a privacidade dos pacientes, permitindo que a clínica implemente medidas para mitigar esses impactos.

Em resumo, o registro das atividades de tratamento é uma prática fundamental para garantir a conformidade com a LGPD e proteger a privacidade dos dados dos pacientes. Além disso, fornece uma base sólida para a transparência, prestação de contas, identificação de riscos e suporte a avaliações de impacto à proteção de dados nas clínicas médicas.

A responsabilidade e prestação de contas são elementos essenciais para garantir a conformidade com a LGPD e proteger os dados pessoais dos pacientes em clínicas médicas. Aqui estão algumas razões pelas quais esses aspectos são tão importantes:

1. **Proteção dos Direitos dos Indivíduos**: A responsabilidade e prestação de contas garantem que as clínicas médicas assumam a responsabilidade pela proteção adequada dos dados pessoais dos pacientes. Isso é fundamental para proteger os direitos dos indivíduos à privacidade e autonomia sobre seus próprios dados.

2. **Transparência e Confiança:** Ao serem transparentes sobre suas práticas de proteção de dados e prestarem contas por suas ações, as clínicas médicas demonstram integridade e compromisso com a privacidade dos pacientes. Isso promove a confiança entre pacientes e profissionais de saúde, fortalecendo o relacionamento e a reputação da clínica.

3. Redução de Riscos: A responsabilidade e prestação de contas ajudam a reduzir os riscos de violações de dados e outras falhas de segurança. Ao estabelecer políticas e procedimentos claros, monitorar o cumprimento das regulamentações de proteção de dados e responder prontamente a incidentes de segurança, as clínicas médicas podem mitigar os riscos e proteger melhor os dados dos pacientes.

4. Cumprimento da LGPD: A LGPD exige que as organizações sejam responsáveis por garantir a conformidade com a legislação de proteção de dados. Isso inclui a implementação de medidas técnicas e organizacionais adequadas para proteger os dados pessoais dos pacientes e a capacidade de demonstrar conformidade por meio de registros e relatórios adequados.

5. Prevenção de Multas e Sanções: A falta de responsabilidade e prestação de contas pode resultar em multas significativas e outras sanções por violações da LGPD. Assumir a responsabilidade pela proteção dos dados dos pacientes e prestar contas por práticas de proteção de dados adequadas ajuda a evitar consequências legais e financeiras adversas.

Em resumo, a responsabilidade e prestação de contas são fundamentais para garantir a proteção eficaz dos dados pessoais dos pacientes em clínicas médicas, promover transparência e confiança, reduzir riscos, garantir o cumprimento da LGPD e evitar multas e sanções por violações de dados.

Garantir a conformidade com a Lei Geral de Proteção de Dados (LGPD) é fundamental para clínicas médicas, considerando a sensibilidade dos dados pessoais que tratam, como informações de saúde dos pacientes. Neste contexto, é crucial entender como a LGPD se aplica a essas instituições e os principais aspectos que devem ser considerados para proteger adequadamente os dados pessoais dos pacientes.

1. Consentimento do Paciente:

O consentimento do paciente é crucial porque é a base legal para o processamento de seus dados pessoais pela clínica médica. Ele garante que os pacientes tenham controle sobre suas informações de saúde e estejam cientes de como serão utilizadas pela clínica.

Sem o consentimento do paciente, o processamento de seus dados pessoais seria ilegal de acordo com a LGPD. Portanto, é essencial obter o consentimento para garantir conformidade com a legislação e respeitar os direitos do paciente.

2. Segurança da Informação:

A implementação de medidas de segurança da informação é essencial para proteger os dados pessoais dos pacientes contra acessos não autorizados, vazamentos ou alterações. Isso promove a confidencialidade, integridade e disponibilidade das informações de saúde, garantindo a privacidade e proteção dos pacientes.

A LGPD exige que as organizações adotem medidas técnicas e organizacionais adequadas para proteger os dados pessoais contra riscos de segurança. Isso inclui a criptografia de dados, o controle de acesso e a implementação de políticas de segurança da informação.

3. Encarregado de Proteção de Dados (DPO):

A nomeação de um DPO é fundamental para garantir a conformidade com a LGPD e a proteção adequada dos dados pessoais dos pacientes. Seja fixo ou terceirizado por meio de consultoria, o DPO é responsável por monitorar as práticas de proteção de dados da clínica e servir como ponto de contato para questões relacionadas à privacidade dos pacientes. DPO desempenha um papel crucial na garantia da conformidade com a LGPD, fornecendo orientação especializada sobre proteção de dados, monitorando o cumprimento das regulamentações e servindo como ponto focal para questões de privacidade dos pacientes.

4. Registro das Atividades de Tratamento:

O registro das atividades de tratamento é fundamental para demonstrar conformidade com a LGPD, garantindo transparência e facilitando auditorias e avaliações de impacto à proteção de dados. Além disso, permite que a clínica identifique e mitigue riscos à privacidade dos pacientes, promovendo a segurança dos dados. O registro das atividades de tratamento é uma exigência da LGPD e é essencial para documentar todas as operações de tratamento de dados realizadas pela clínica.

Isso ajuda a demonstrar conformidade com a legislação e fornece evidências em caso de auditorias ou investigações.

5. Responsabilidade e Prestação de Contas:

A responsabilidade e prestação de contas são essenciais para garantir que as clínicas médicas assumam a responsabilidade pela proteção adequada dos dados pessoais dos pacientes. Isso promove transparência, confiança e redução de riscos de violações de dados, demonstrando compromisso com a conformidade legal e a proteção da privacidade dos pacientes.

A responsabilidade e prestação de contas são princípios-chave da LGPD, que exigem que as organizações assumam a responsabilidade pelo processamento adequado dos dados pessoais dos pacientes e prestem contas por suas práticas de proteção de dados. Isso promove a confiança do paciente e reduz riscos legais e reputacionais para a clínica.

CAPÍTULO 3

TECNOLOGIA E ÉTICA: O DESAFIO DO TRATAMENTO DE DADOS PESSOAIS NAS CLÍNICAS MÉDICAS

3.1.   Tratamento de Dados Pessoais em Clinicas Médicas

Introdução

O tratamento de dados pessoais nas clínicas médicas é um assunto muito relevante, especialmente após a entrada em vigor da Lei Geral de Proteção de Dados (LGPD) em 2020. A LGPD estabelece regras e princípios para a coleta, o uso, o armazenamento, o compartilhamento e a eliminação de dados pessoais de pessoas naturais, incluindo os dados sensíveis, como os relativos à saúde.

As clínicas médicas, como agentes de tratamento de dados, devem observar as normas da LGPD, bem como as normas éticas e profissionais da medicina, para garantir a proteção dos dados pessoais de seus pacientes, respeitando a sua privacidade, a sua intimidade, a sua honra e a sua imagem.

Para isso, as clínicas médicas devem adotar medidas jurídicas, técnicas e administrativas para adequar os seus processos internos e externos à LGPD, tais como:

- *Obter o consentimento livre, informado e inequívoco do titular dos dados para o tratamento dos seus dados pessoais, salvo nas hipóteses legais de dispensa de consentimento, como no caso do cumprimento de obrigação legal ou regulatória, ou para a proteção da vida ou da saúde do titular ou de terceiro;*
- *Informar ao titular dos dados sobre a finalidade, a forma, a duração e a identidade do responsável pelo tratamento dos seus dados pessoais, bem como sobre os seus direitos de acesso, retificação, cancelamento, oposição, portabilidade e revogação do consentimento;*
- *Utilizar os dados pessoais somente para a finalidade específica e compatível com o consentimento do titular ou com a previsão legal, evitando o tratamento excessivo ou desnecessário de dados;*
- *Garantir a segurança, a integridade, a confidencialidade e a disponibilidade dos dados pessoais, adotando medidas de prevenção e de mitigação de riscos, como o uso de criptografia, de firewall, de antivírus, de controle de acesso, de backup, de auditoria, de treinamento, de política de privacidade, de termos de uso, de contratos e de acordos de confidencialidade;*

- *Compartilhar os dados pessoais somente com terceiros autorizados pelo titular ou pela lei, mediante contrato ou instrumento jurídico que estabeleça as obrigações e as responsabilidades de cada parte, e que garanta o mesmo nível de proteção dos dados oferecido pela clínica médica;*

Eliminar os dados pessoais quando não forem mais necessários para a finalidade do tratamento, ou quando o titular solicitar a sua eliminação, salvo se houver uma base legal que justifique a sua conservação, como no caso do prontuário médico, que deve ser mantido pelo prazo mínimo de 20 anos, conforme a Resolução CFM nº 1.821/2007. [1]

O descumprimento das normas da LGPD pode acarretar sanções administrativas, civis e penais para as clínicas médicas, como advertências, multas, bloqueio ou eliminação dos dados, suspensão ou proibição do tratamento dos dados, indenizações por danos morais e materiais, e até mesmo a responsabilização criminal do médico, se houver violação do sigilo profissional.

Portanto, as clínicas médicas devem estar atentas e preparadas para as exigências da LGPD, buscando se adaptar às novas regras e aos novos desafios impostos pela lei, visando proteger os dados pessoais de seus pacientes e evitar prejuízos para a sua reputação e para o seu negócio.

Espero ter ajudado com algumas informações e orientações sobre o tema. Se você quiser saber mais, pode consultar as fontes que eu usei para escrever este texto:

Em conclusão, o tratamento de dados pessoais nas clínicas médicas é um tema que envolve aspectos jurídicos, técnicos e éticos, e que requer uma adequação das práticas e dos procedimentos das clínicas à LGPD. A lei visa garantir a proteção dos direitos

[1] Aprova as normas técnicas concernentes à digitalização e uso dos sistemas informatizados para a guarda e manuseio dos documentos dos prontuários dos pacientes, autorizando a eliminação do papel e a troca de informação identificada em saúde.

fundamentais dos titulares dos dados, especialmente os dados sensíveis relacionados à saúde, que merecem um cuidado especial por parte dos profissionais da área médica. As clínicas médicas devem buscar se informar, se capacitar e se adaptar às novas regras e aos novos desafios impostos pela LGPD, a fim de evitar sanções e prejuízos, e de preservar a confiança e a satisfação de seus pacientes.

3.2. COLETA, PROCESSAMENTO E FINALIDADE DOS DADOS DOS PACIENTES

Introdução:

A Lei Geral de Proteção de Dados (LGPD) é uma legislação brasileira que estabelece regras sobre coleta, armazenamento, tratamento e compartilhamento de dados pessoais, incluindo os dados de pacientes em clínicas médicas. Nesse contexto, é crucial compreender como esses dados são coletados, processados e utilizados, garantindo a conformidade com a LGPD e a privacidade dos pacientes.

COLETA DE DADOS:

Na coleta de dados dos pacientes direcionados à LGPD para clínicas, é essencial obter o consentimento explícito dos pacientes para o uso de suas informações pessoais. Isso pode ser feito por meio de formulários físicos ou digitais, onde os pacientes fornecem suas informações básicas, como nome, idade, endereço e histórico médico. Além disso, é importante garantir que apenas as informações necessárias para o atendimento médico sejam coletadas, minimizando a quantidade de dados sensíveis armazenados.

PROCESSAMENTO DE DADOS:

O processamento de dados dos pacientes envolve todas as atividades realizadas com as informações coletadas, incluindo armazenamento, análise, compartilhamento e proteção. É fundamental garantir que os dados sejam tratados de forma segura e confidencial, de acordo com os princípios da LGPD. Isso inclui a implementação de medidas de segurança da informação, como criptografia, controle de acesso e monitoramento de sistemas.

FINALIDADE DOS DADOS:

Os dados dos pacientes coletados e processados pelas clínicas devem ser utilizados exclusivamente para os fins determinados no momento da coleta e de acordo com a legislação vigente. Isso inclui o diagnóstico, tratamento e acompanhamento médico dos pacientes, bem como a emissão de documentos necessários, como receitas e atestados. É importante ressaltar que os dados não devem ser compartilhados com terceiros sem o consentimento expresso dos pacientes, exceto em casos previstos em lei ou por necessidade médica.

RETENÇÃO DE DADOS:

Outro aspecto importante relacionado à LGPD é a gestão da retenção de dados dos pacientes nas clínicas. De acordo com a legislação, os dados pessoais devem ser mantidos apenas pelo tempo necessário para cumprir a finalidade para a qual foram coletados, sendo posteriormente descartados de maneira segura. Portanto, as clínicas devem estabelecer políticas claras de retenção de dados, definindo prazos específicos para a eliminação das informações dos pacientes após o término do tratamento ou conforme exigido por lei.

CONSENTIMENTO E DIREITOS DOS PACIENTES:

A LGPD enfatiza a importância do consentimento dos pacientes para o uso de seus dados pessoais, garantindo que eles tenham controle sobre suas informações. As clínicas devem informar claramente aos pacientes sobre como seus dados serão utilizados e solicitar seu consentimento de forma explícita e voluntária. Além disso, os pacientes têm o direito de acessar, corrigir, atualizar e excluir seus dados, bem como de solicitar informações sobre o compartilhamento e a transferência de suas informações para terceiros.

TREINAMENTO E CONSCIENTIZAÇÃO:

Para garantir o cumprimento da LGPD, é essencial proporcionar treinamento adequado e conscientização para todos os profissionais de saúde e funcionários das clínicas. Isso inclui orientações sobre as responsabilidades relacionadas à proteção de dados, os procedimentos a serem seguidos para garantir a conformidade com a legislação e a importância da privacidade e segurança das informações dos pacientes.

O treinamento contínuo é fundamental para manter todos os envolvidos atualizados sobre as melhores práticas e os requisitos legais em relação à proteção de dados pessoais.

AUDITORIA E CONFORMIDADE:

Por fim, as clínicas devem realizar auditorias periódicas para avaliar a conformidade com a LGPD e identificar possíveis áreas de melhoria em relação à proteção de dados dos pacientes. Isso inclui revisões regulares dos processos de coleta, armazenamento e tratamento de dados, bem como a implementação de medidas corretivas para mitigar quaisquer vulnerabilidades ou riscos de segurança. Ao manter um compromisso contínuo com a conformidade e a proteção de dados, as clínicas podem garantir a confiança dos pacientes e o cumprimento das obrigações legais estabelecidas pela LGPD.

A coleta, processamento e finalidade dos dados dos pacientes direcionados à LGPD para clínicas exigem uma abordagem cuidadosa e responsável para garantir a conformidade com a legislação e a proteção da privacidade dos pacientes. Ao seguir as diretrizes da LGPD e implementar medidas de segurança adequadas, as clínicas podem garantir a confidencialidade e integridade das informações dos pacientes, promovendo a confiança e o bem-estar de todos os envolvidos.

3.3. CONSENTIMENTO INFORMADO E SUA IMPORTÂNCIA

O Consentimento Informado é um pilar ético fundamental em qualquer prática clínica, especialmente à luz da LGPD (Lei Geral de Proteção de Dados), pois garante que os pacientes tenham controle sobre suas informações pessoais e médicas. Primeiramente, o Consentimento Informado é crucial para respeitar a autonomia do paciente. Ao obter o consentimento, o paciente é capacitado a participar ativamente de decisões relacionadas ao seu tratamento e à divulgação de suas informações. Isso promove uma relação de confiança entre o paciente e o profissional de saúde, essencial para um atendimento de qualidade.

Além disso, o Consentimento Informado está intrinsecamente ligado ao princípio da beneficência. Ao informar adequadamente os pacientes sobre os procedimentos médicos, os riscos envolvidos e as possíveis alternativas, os profissionais de saúde garantem que os pacientes possam fazer escolhas informadas que promovam seu bem-estar. Sem o consentimento informado, os pacientes podem se sentir violados e desrespeitados, minando o processo terapêutico e prejudicando a relação médico-paciente.

Outro aspecto importante é a justiça. O Consentimento Informado contribui para a equidade no acesso à saúde, permitindo que todos os pacientes, independentemente de sua origem social, cultural ou econômica, tenham a oportunidade de compreender e consentir com seu tratamento. Isso é especialmente relevante considerando as disparidades de informação e poder que podem existir entre profissionais de saúde e pacientes. Garantir que todos os pacientes tenham acesso a informações claras e oportunas é essencial para promover a justiça no sistema de saúde.

Além disso, a LGPD exige o Consentimento Informado como parte da proteção dos dados pessoais dos pacientes. Ao consentir com o uso e compartilhamento de suas informações médicas, os pacientes têm mais controle sobre sua privacidade e segurança. Isso é essencial para garantir a conformidade com a legislação e proteger os pacientes contra o uso indevido ou não autorizado de suas informações médicas.

Em resumo, o Consentimento Informado é essencial do ponto de vista ético e legal em qualquer prática clínica, especialmente à luz da LGPD. Respeitar a autonomia do paciente, promover o bem-estar, garantir a equidade no acesso à saúde e proteger a privacidade dos dados pessoais são aspectos fundamentais que destacam a importância do Consentimento Informado em clínicas médicas.

Além disso, o Consentimento Informado desempenha um papel crucial na construção de uma cultura de transparência e responsabilidade dentro das instituições de saúde. Ao envolver os pacientes no processo de tomada de decisão e informá-los sobre seus direitos e opções, as clínicas médicas demonstram um compromisso com a ética e a integridade profissional. Isso ajuda a fortalecer a confiança do público nas instituições de saúde e na comunidade médica como um todo.

Outro ponto relevante é a mitigação de possíveis litígios e conflitos éticos. Quando os pacientes são devidamente informados e consentem com os procedimentos médicos, os profissionais de saúde estão em uma posição mais sólida em caso de disputas legais. O Consentimento Informado serve como evidência do entendimento mútuo entre o paciente e o profissional de saúde, reduzindo a probabilidade de mal-entendidos ou alegações de negligência.

Além disso, o Consentimento Informado é uma prática ética que respeita a dignidade e a autonomia dos pacientes, reconhecendo sua capacidade de tomar decisões informadas sobre sua saúde e bem-estar. Ao dar aos pacientes o poder de consentir ou recusar tratamentos, os profissionais de saúde demonstram respeito pelos direitos individuais e promovem uma abordagem centrada no paciente, que prioriza as necessidades e preferências do paciente em todo o processo de cuidado.

Portanto, diante da LGPD e das exigências éticas da prática clínica, o Consentimento Informado não é apenas uma formalidade legal, mas sim um princípio ético fundamental que deve ser observado em todas as interações entre profissionais de saúde e pacientes. Ao incorporar o Consentimento Informado em suas práticas, as clínicas médicas não apenas cumprem com suas obrigações legais, mas também fortalecem a qualidade do atendimento, promovem a confiança do paciente e demonstram um compromisso com a ética e o respeito pelos direitos individuais.

Em conclusão, o Consentimento Informado é uma prática essencial em clínicas médicas, não apenas por exigências legais como a LGPD, mas também por sua importância ética e moral. Ao respeitar a autonomia dos pacientes, promover a transparência, proteger a privacidade dos dados pessoais e garantir a equidade no acesso à saúde, o Consentimento Informado não apenas atende aos requisitos legais, mas também fortalece a relação médico-paciente, promove a confiança na instituição de saúde e contribui para a qualidade do atendimento.

Ao reconhecer a dignidade e a autonomia dos pacientes, os profissionais de saúde demonstram um compromisso com os valores éticos fundamentais da medicina, como respeito, beneficência e justiça. Além disso, o Consentimento Informado desempenha um papel crucial na prevenção de conflitos éticos e litígios, ao mesmo tempo em que promove uma abordagem centrada no paciente, que prioriza as necessidades e preferências individuais.

Portanto, diante da complexidade das questões éticas e legais que envolvem a prática clínica, o Consentimento Informado emerge como uma ferramenta indispensável para garantir a integridade, a transparência e a responsabilidade no cuidado com a saúde. Ao adotar e promover práticas baseadas no Consentimento Informado, as clínicas médicas não apenas cumprem com suas obrigações legais, mas também reafirmam seu compromisso com os mais altos padrões éticos e com o respeito pelos direitos e dignidade dos pacientes.

3.4. TRATAMENTOS DE DADOS DE SAÚDE SENSÍVEIS

No contexto da LGPD (Lei Geral de Proteção de Dados), o tratamento de dados de saúde sensíveis em clínicas médicas demanda uma abordagem cuidadosa e fundamentada. As clínicas devem estabelecer políticas e procedimentos robustos para garantir a segurança e a privacidade dessas informações. Isso envolve a implementação de medidas técnicas e organizacionais, como a criptografia de dados, o controle de acesso restrito e a realização de avaliações de impacto à privacidade.

Além disso, é essencial que as clínicas obtenham o consentimento explícito dos pacientes para o uso e compartilhamento de seus dados de saúde, explicando de forma clara e transparente como essas informações serão utilizadas. Também é importante garantir que apenas as informações necessárias sejam coletadas e que sejam mantidas atualizadas e precisas.

A LGPD também estabelece a necessidade de nomeação de um encarregado pela proteção de dados, responsável por supervisionar o cumprimento da legislação e servir como ponto de contato entre a clínica, os pacientes e a Autoridade Nacional de Proteção de Dados (ANPD).

Em suma, o tratamento de dados de saúde sensíveis no contexto da LGPD para clínicas médicas requer uma abordagem holística que priorize a privacidade, a segurança e o consentimento dos pacientes, garantindo assim o cumprimento das normas legais e a confiança na prestação de serviços de saúde.

Ademais, as clínicas médicas devem investir em treinamentos regulares para conscientizar seus funcionários sobre a importância da proteção de dados e a conformidade com a LGPD. Isso inclui orientações sobre como lidar com dados sensíveis, como reconhecer e relatar incidentes de segurança, e como agir em conformidade com os direitos dos titulares dos dados, como o direito de acesso, retificação e exclusão de informações.

Além disso, é crucial estabelecer parcerias com fornecedores e prestadores de serviços que também estejam em conformidade com as regulamentações de proteção de dados, garantindo assim a segurança de toda a cadeia de processamento de dados.

Por fim, as clínicas devem estar preparadas para responder de maneira eficaz a possíveis violações de dados, seguindo os protocolos estabelecidos pela LGPD, que incluem a notificação às autoridades competentes e aos titulares dos dados afetados, bem como a implementação de medidas corretivas para evitar futuros incidentes.

Em suma, a conformidade com a LGPD no tratamento de dados de saúde sensíveis requer um compromisso contínuo com a segurança, a transparência e o respeito à privacidade dos pacientes, garantindo assim uma prática médica ética e responsável.

Além disso, as clínicas médicas devem manter registros detalhados das atividades de processamento de dados, documentando todas as etapas desde a coleta até a exclusão, conforme exigido pela LGPD. Isso não apenas ajuda a demonstrar conformidade com a legislação, mas também facilita auditorias internas e externas, caso necessário.

É importante também realizar avaliações periódicas da conformidade com a LGPD, revisando e atualizando políticas e procedimentos conforme necessário para garantir que estejam alinhados com as melhores práticas e com as mudanças na legislação.

Além disso, as clínicas devem adotar uma postura proativa em relação à proteção de dados, considerando aspectos como a anonimização ou pseudonimização dos dados sempre que possível, a fim de reduzir riscos de exposição e proteger a privacidade dos pacientes.

Por fim, é fundamental que as clínicas estejam atentas às orientações e diretrizes emitidas pela ANPD e outras autoridades competentes, buscando manter-se atualizadas sobre as melhores práticas e os padrões de segurança de dados na área da saúde.

Dessa forma, ao seguir essas medidas e princípios, as clínicas médicas podem garantir um tratamento adequado e responsável dos dados de saúde sensíveis, em conformidade com a LGPD e em benefício tanto dos pacientes quanto da própria instituição médica.

Em conclusão, a abordagem cuidadosa e fundamentada para o tratamento de dados de saúde sensíveis no contexto da LGPD é essencial para garantir a privacidade, a segurança e a conformidade legal nas clínicas médicas. Cada aspecto abordado, desde a implementação de medidas técnicas e organizacionais até a manutenção de registros detalhados e a realização de avaliações periódicas, é fundamentado na legislação vigente e nas melhores práticas de proteção de dados.

A necessidade de políticas e procedimentos robustos decorre diretamente das exigências da LGPD, que impõe às organizações a obrigação de garantir a segurança e a privacidade dos dados pessoais, especialmente os sensíveis, como os de saúde. A obtenção do consentimento explícito dos pacientes está em conformidade com os princípios de transparência e controle dos dados previstos na legislação, assegurando que os pacientes tenham conhecimento e poder de decisão sobre o uso de suas informações.

A nomeação de um encarregado pela proteção de dados está em conformidade com o requisito da LGPD de designar um responsável pelo cumprimento da legislação e pela interação com as autoridades reguladoras. Os treinamentos regulares para os funcionários visam garantir a conformidade operacional e a conscientização sobre a importância da proteção de dados, enquanto a parceria com fornecedores confiáveis contribui para a segurança de toda a cadeia de processamento de dados.

A manutenção de registros detalhados e a realização de avaliações periódicas são medidas fundamentadas na necessidade de demonstrar conformidade com a LGPD, facilitar auditorias e garantir a eficácia contínua dos processos de proteção de dados. A postura proativa em relação à proteção de dados, incluindo a anonimização quando possível, reflete o compromisso em reduzir riscos e proteger a privacidade dos pacientes.

Por fim, a atenção às orientações das autoridades competentes, como a ANPD, é fundamental para manter-se atualizado sobre as melhores práticas e as diretrizes regulatórias em constante evolução. Em conjunto, essas medidas garantem não apenas a conformidade legal, mas também a construção de confiança e respeito pelos direitos dos pacientes, promovendo uma prática médica ética e responsável no contexto da proteção de dados de saúde sensíveis.

CAPÍTULO 4

DIREITOS DOS PACIENTES SOB A LGPD

4.1. ACESSO A RETIFICAÇÃO DE DADOS

A Lei Geral de Proteção de Dados (LGPD) estabeleceu um marco legal para a proteção da privacidade e dos dados pessoais dos cidadãos brasileiros. No contexto das clínicas médicas, a LGPD implica diretamente nos direitos dos pacientes em relação ao acesso e retificação de seus dados pessoais. Neste sentido, é fundamental compreender a importância desses direitos e as justificativas para sua inclusão na legislação.

A Lei Geral de Proteção de Dados (LGPD) é uma legislação fundamental que visa garantir a privacidade e a segurança das informações pessoais dos cidadãos brasileiros. No contexto das clínicas médicas, a LGPD estabelece direitos específicos para os pacientes em relação ao tratamento de seus dados pessoais. Vamos explorar cada um desses direitos e entender por que são importantes para a proteção da privacidade e a promoção da transparência no setor de saúde.

Além disso, o direito à retificação de dados pessoais é igualmente crucial. Os pacientes devem ter a capacidade de corrigir qualquer informação imprecisa, incompleta ou desatualizada que esteja armazenada em sistemas de saúde. Isso é fundamental para garantir que os registros médicos sejam precisos e confiáveis, evitando assim diagnósticos incorretos, tratamentos inadequados ou até mesmo riscos à saúde do paciente.

No entanto, é importante ressaltar que o acesso e a retificação de dados pessoais devem ser realizados de maneira responsável e segura. As clínicas médicas têm a obrigação de implementar medidas robustas de segurança da informação para proteger os dados sensíveis dos pacientes contra acesso não autorizado, uso indevido ou divulgação inadequada.

Além disso, é essencial estabelecer procedimentos claros e eficientes para lidar com solicitações de acesso e retificação, garantindo que esses direitos sejam exercidos de forma eficaz e dentro dos prazos estabelecidos por lei.

Do ponto de vista ético e legal, a proteção da privacidade e dos dados pessoais dos pacientes é um dever fundamental para os profissionais de saúde e as instituições médicas. Respeitar e promover o acesso e a retificação de dados pessoais não só fortalece a confiança entre médicos e pacientes, mas também contribui para uma prática médica mais ética, transparente e centrada no paciente. Portanto, é imperativo que as clínicas médicas adotem políticas e procedimentos robustos para garantir o cumprimento desses direitos fundamentais dos pacientes.

Em suma, o acesso e a retificação de dados pessoais em clínicas médicas são componentes essenciais da proteção da privacidade e dos direitos individuais dos pacientes. Garantir que os pacientes tenham controle sobre suas informações de saúde e a capacidade de corrigir qualquer imprecisão é fundamental para promover a transparência, a confiabilidade e a ética na prática médica.

À medida que avançamos em um mundo cada vez mais digital e interconectado, é vital que as clínicas médicas estejam comprometidas em proteger os dados sensíveis de seus pacientes, implementando medidas robustas de segurança da informação e estabelecendo procedimentos claros para lidar com solicitações de acesso e retificação.

Portanto, ao promover o acesso e a retificação de dados pessoais, as clínicas médicas não apenas cumprem suas obrigações legais, mas também reforçam a confiança mútua entre médicos e pacientes, promovendo uma prática médica mais transparente, ética e centrada no paciente. Este compromisso com a proteção da privacidade e dos direitos individuais é essencial para a integridade e o progresso contínuo da medicina moderna.

DIREITO DE ACESSO AOS DADOS PESSOAIS NA LGPD

O acesso aos dados pessoais é um dos pilares fundamentais da LGPD. Esse direito assegura que os pacientes tenham transparência sobre quais informações estão sendo coletadas, armazenadas e processadas pelas clínicas médicas. Ao permitir que os pacientes tenham acesso às suas próprias informações de saúde, a LGPD promove a autonomia e o empoderamento dos indivíduos em relação ao seu histórico médico. Além disso, a transparência proporcionada pelo acesso aos dados também contribui para a construção de uma relação de confiança entre pacientes e prestadores de serviços de saúde, garantindo que os pacientes possam tomar decisões informadas sobre seu tratamento e cuidado médico.

DIREITO DE RETIFICAÇÃO DE DADOS PESSOAIS NA LGPD

O direito de retificação de dados pessoais é crucial para garantir a precisão e a integridade das informações de saúde dos pacientes. Sob a LGPD, as clínicas médicas têm a responsabilidade de manter os dados dos pacientes atualizados e corretos.

Permitir que os pacientes solicitem correções em seus registros médicos é essencial para evitar a disseminação de informações imprecisas ou desatualizadas, que poderiam comprometer a qualidade do atendimento médico. Além disso, a possibilidade de retificação proporciona aos pacientes o controle sobre suas próprias informações de saúde, permitindo que eles corrijam eventuais erros ou omissões que possam prejudicar seu tratamento ou diagnóstico

DIREITO DE PORTABILIDADE DE DADOS NA LGPD

A portabilidade de dados é outro aspecto importante da LGPD que beneficia os pacientes em clínicas médicas. Esse direito permite que os pacientes solicitem a transferência de seus dados pessoais para outros prestadores de serviços de saúde, facilitando a continuidade do cuidado médico e a busca por segundas opiniões. Ao possibilitar que os pacientes tenham maior mobilidade e controle sobre seus dados de saúde, a LGPD promove a interoperabilidade entre os sistemas de saúde e estimula a concorrência entre os prestadores de serviços, resultando em uma maior qualidade e eficiência no atendimento médico.

DIREITO À LIMITAÇÃO DO TRATAMENTO DE DADOS NA LGPD

O direito à limitação do tratamento de dados é uma salvaguarda importante para a privacidade e a segurança dos pacientes. Sob a LGPD, os pacientes têm o direito de solicitar que suas informações de saúde sejam utilizadas apenas para finalidades específicas e legítimas, evitando o uso indevido ou excessivo de seus dados pessoais.

Essa restrição contribui para proteger a intimidade e a confidencialidade dos pacientes, garantindo que suas informações de saúde não sejam compartilhadas ou processadas além do necessário. Ao fortalecer a proteção dos dados pessoais dos pacientes, a LGPD promove a confiança e a segurança no sistema de saúde, incentivando uma maior adesão aos serviços médicos e o respeito à privacidade dos indivíduos.

DIREITO À INFORMAÇÃO SOBRE O TRATAMENTO DE DADOS NA LGPD

O direito à informação sobre o tratamento de dados assegura que os pacientes sejam informados de forma clara e transparente sobre como suas informações de saúde estão sendo coletadas, armazenadas e utilizadas pelas clínicas médicas. Isso permite que os pacientes compreendam seus direitos e tomem decisões informadas sobre o compartilhamento de seus dados pessoais.

DIREITO À NÃO DISCRIMINAÇÃO NA LGPD

O direito à não discriminação garante que os pacientes não sejam prejudicados ou tratados de forma injusta com base em suas informações de saúde. Sob a LGPD, as clínicas médicas são proibidas de discriminar os pacientes com base em características como histórico médico ou condição de saúde, promovendo a igualdade e a inclusão no acesso aos serviços de saúde.

DIREITO À SEGURANÇA DOS DADOS NA LGPD

O direito à segurança dos dados é essencial para proteger as informações de saúde dos pacientes contra acessos não autorizados, vazamentos ou violações de segurança. Sob a LGPD, as clínicas médicas são responsáveis por implementar medidas adequadas de segurança para garantir a confidencialidade e integridade dos dados pessoais dos pacientes, contribuindo para a construção de um ambiente seguro e confiável para o tratamento médico.

DIREITO À RESPONSABILIZAÇÃO E PRESTAÇÃO DE CONTAS NA LGPD

O direito à responsabilização e prestação de contas estabelece que as clínicas médicas devem ser responsáveis pelo tratamento adequado e legal dos dados pessoais dos pacientes. Isso significa que as clínicas devem adotar práticas transparentes e éticas em relação ao uso e proteção dos dados, além de responder por eventuais violações ou descumprimentos da legislação de proteção de dados.

Ao garantir esses direitos aos pacientes, a LGPD fortalece a proteção da privacidade e a confiança nas relações entre pacientes e clínicas médicas, promovendo uma abordagem mais ética e responsável no tratamento das informações de saúde.

A Lei Geral de Proteção de Dados desempenha um papel fundamental na proteção da privacidade e dos direitos dos pacientes em clínicas médicas. Ao estabelecer uma série de direitos específicos, como acesso, retificação, portabilidade, limitação, eliminação, informação, não discriminação, segurança, responsabilização e prestação de contas, a LGPD coloca os pacientes no centro do controle de seus próprios dados de saúde.

Esses direitos não apenas fortalecem a relação de confiança entre pacientes e prestadores de serviços de saúde, mas também garantem que os pacientes possam tomar decisões informadas sobre seu tratamento e cuidado médico. Além disso, ao estabelecer responsabilidades claras para as clínicas médicas no tratamento e proteção dos dados pessoais dos pacientes, a LGPD promove uma cultura de respeito à privacidade e à segurança da informação no setor de saúde.

Portanto, é fundamental que as clínicas médicas estejam em conformidade com os requisitos da LGPD, implementando medidas adequadas de proteção de dados e garantindo que os direitos dos pacientes sejam respeitados em todas as etapas do tratamento médico. A aplicação efetiva da LGPD não apenas protege os interesses dos pacientes, mas também contribui para a melhoria da qualidade e da segurança dos serviços de saúde como um todo.

A implementação efetiva da LGPD não apenas protege os interesses dos pacientes, mas também contribui para a melhoria da qualidade e da segurança dos serviços de saúde como um todo. Ao promover a transparência, a autonomia e o controle sobre os dados de saúde, a LGPD fortalece a relação de confiança entre pacientes e profissionais de saúde, possibilitando uma abordagem mais centrada no paciente.

Além disso, o cumprimento das diretrizes da LGPD não é apenas uma obrigação legal, mas também uma oportunidade para as clínicas médicas demonstrarem seu compromisso com a ética, a integridade e a excelência no atendimento ao paciente.

Investir em medidas robustas de proteção de dados não apenas protege contra multas e sanções, mas também fortalece a reputação e a credibilidade das clínicas no mercado.

Portanto, é essencial que as clínicas médicas se empenhem em compreender e implementar os requisitos da LGPD de forma proativa, buscando constantemente aprimorar suas práticas de proteção de dados e garantir o cumprimento contínuo da legislação. Somente assim poderemos construir um ambiente de saúde seguro, confiável e centrado no paciente, onde os direitos de privacidade e proteção de dados sejam respeitados e valorizados em todas as interações médico-paciente.

Em resumo, a LGPD representa um marco importante na proteção dos direitos dos pacientes em clínicas médicas, estabelecendo diretrizes claras para o tratamento ético e responsável de dados pessoais de saúde. Ao garantir o acesso, a retificação, a portabilidade, a limitação, a eliminação, a informação, a não discriminação, a segurança, a responsabilização e a prestação de contas dos dados pessoais, a legislação promove uma cultura de respeito à privacidade e à transparência no setor de saúde.

Ao mesmo tempo, é crucial que as clínicas médicas estejam plenamente conscientes de suas responsabilidades sob a LGPD e tomem medidas adequadas para garantir o cumprimento da legislação. Isso não apenas protege os interesses dos pacientes, mas também fortalece a integridade e a confiança do sistema de saúde como um todo.

Assim, ao promover uma abordagem centrada no paciente e respeitar seus direitos de privacidade e proteção de dados, as clínicas médicas podem desempenhar um papel vital na construção de um ambiente de saúde mais ético, seguro e confiável para todos.

4.2. ANONIMIZAÇÃO E ELEIMINAÇÃO DE DADOS

Introdução:

A Lei Geral de Proteção de Dados (LGPD) foi criada para proteger a privacidade dos cidadãos brasileiros e regular o tratamento de dados pessoais por organizações públicas e privadas. No contexto das clínicas médicas, a anonimização e eliminação de dados são práticas essenciais para garantir a conformidade com a LGPD e proteger as informações sensíveis dos pacientes. Neste texto, iremos abordar os motivos pelos quais a anonimização e eliminação de dados são fundamentais para as clínicas médicas em conformidade com a LGPD.

1. Proteção da Privacidade dos Pacientes:

A anonimização de dados é crucial para proteger a privacidade dos pacientes atendidos nas clínicas médicas. Ao remover identificadores pessoais dos registros de saúde, como nomes, números de documentos e datas de nascimento, as clínicas garantem que os dados não possam ser vinculados a indivíduos específicos. Isso reduz significativamente o risco de vazamento ou uso indevido de informações pessoais, cumprindo assim o princípio fundamental da LGPD de proteger a privacidade dos titulares dos dados.

2. Redução do Risco de Violações de Dados:

A eliminação de dados desnecessários ou ultrapassados é uma medida proativa para reduzir o risco de violações de dados. Manter grandes volumes de dados pessoais sem um propósito legítimo aumenta a superfície de ataque para hackers e outros agentes maliciosos.

Ao eliminar regularmente dados que não são mais necessários para a prestação de serviços médicos, as clínicas reduzem o potencial de exposição a riscos de segurança e garantem a conformidade com os requisitos da LGPD de limitação do armazenamento de dados.

3. Minimização de Danos em Caso de Incidentes de Segurança:

Em caso de incidentes de segurança, como violações de dados ou ataques cibernéticos, a anonimização e eliminação de dados podem minimizar os danos para os pacientes e para a reputação da clínica. Dados anonimizados são de pouco valor para os invasores, pois não podem ser usados para identificar ou prejudicar os indivíduos afetados. Além disso, ao manter apenas os dados essenciais e atualizados, as clínicas podem limitar o impacto potencial de qualquer violação de dados, reduzindo as penalidades e consequências legais conforme estabelecido pela LGPD.

4. Construção de Confiança com os Pacientes:

A anonimização e eliminação de dados demonstram o compromisso das clínicas médicas com a proteção da privacidade e a segurança das informações dos pacientes. Quando os pacientes têm a garantia de que suas informações pessoais são tratadas com cuidado e respeito, eles tendem a confiar mais na instituição de saúde e nos profissionais que os atendem.

Essa confiança é fundamental para manter relacionamentos positivos entre os pacientes e as clínicas, incentivando a busca por tratamento adequado e a continuidade do acompanhamento médico.

5. Eficiência na Gestão de Dados:

A anonimização e eliminação de dados também promovem a eficiência na gestão de dados nas clínicas médicas. Ao manter apenas as informações necessárias e relevantes para a prestação de serviços médicos, as clínicas podem simplificar os processos de armazenamento, análise e recuperação de dados. Isso não apenas reduz a carga de trabalho administrativo, mas também melhora a precisão e a qualidade das informações disponíveis, facilitando a tomada de decisões clínicas baseadas em evidências.

6. Adaptação à Evolução das Práticas de Privacidade:

A LGPD é uma legislação dinâmica que pode ser atualizada e modificada ao longo do tempo para melhor refletir as necessidades e preocupações em relação à privacidade dos dados. A anonimização e eliminação de dados permitem que as clínicas médicas se adaptem facilmente a essas mudanças regulatórias, garantindo que continuem em conformidade com os requisitos legais mais recentes. Ao incorporar práticas de privacidade flexíveis e escaláveis, as clínicas podem evitar multas e penalidades por não cumprir os padrões regulatórios em constante evolução.

7. Responsabilidade Social e Ética:

Além dos aspectos legais e técnicos, a anonimização e eliminação de dados refletem o compromisso das clínicas médicas com a responsabilidade social e ética. Ao proteger a privacidade dos pacientes e garantir o tratamento adequado de suas informações pessoais, as clínicas demonstram respeito pelos direitos individuais e promovem uma cultura de integridade e transparência. Essa abordagem ética não apenas fortalece a reputação das clínicas, mas também contribui para a construção de uma sociedade mais justa e equitativa, onde a privacidade e a dignidade dos indivíduos são valorizadas e protegidas.

Em resumo, a anonimização e eliminação de dados são práticas essenciais para as clínicas médicas em conformidade com a LGPD. Essas medidas não apenas protegem a privacidade dos pacientes, mas também reduzem o risco de violações de dados e minimizam os danos em caso de incidentes de segurança. Ao adotar uma abordagem proativa para gerenciar e proteger os dados pessoais, as clínicas médicas podem garantir a confiança dos pacientes e cumprir com sucesso os requisitos legais estabelecidos pela LGPD.

A implementação efetiva da anonimização e eliminação de dados é essencial para garantir a conformidade contínua das clínicas médicas com a LGPD e para promover a proteção da privacidade dos pacientes. Além disso, essas práticas proporcionam benefícios adicionais, como a construção de confiança com os pacientes, a eficiência na gestão de dados e a capacidade de adaptação às mudanças regulatórias. Portanto, investir em estratégias robustas de proteção de dados é fundamental para o sucesso e a sustentabilidade das clínicas médicas no atual cenário de privacidade e segurança da informação.

Em última análise, a anonimização e eliminação de dados são essenciais para as clínicas médicas não apenas por motivos legais e técnicos, mas também por razões éticas e sociais.

Ao adotar uma abordagem proativa para proteger a privacidade dos pacientes e gerenciar responsavelmente as informações pessoais, as clínicas não apenas cumprem com os requisitos da LGPD, mas também promovem a confiança, eficiência e responsabilidade em sua prática clínica. Portanto, investir em políticas e procedimentos robustos de proteção de dados é fundamental para o sucesso e a sustentabilidade das clínicas médicas no ambiente regulatório e social em constante evolução

4.3. PORTABILIDADE DOS DADOS ENTRE CLÍNICAS

Introdução

A portabilidade dos dados entre clínicas é um tema de grande importância na área da saúde, pois influencia diretamente na qualidade do atendimento prestado aos pacientes, na continuidade do cuidado e na eficiência dos serviços de saúde. A possibilidade de transferir os dados de saúde de um paciente de uma clínica para outra é fundamental para garantir que os profissionais tenham acesso às informações necessárias para oferecer um tratamento adequado e coordenado. Neste contexto, discutirei os benefícios e desafios da portabilidade dos dados entre clínicas, apresentando argumentos fundamentados para cada ponto abordado.

4.4. BENEFÍCIOS DA PORTABILIDADE DOS DADOS ENTRE CLÍNICAS:

1. Continuidade do cuidado: A transferência eficiente dos dados de saúde de um paciente entre clínicas garante a continuidade do cuidado, permitindo que os profissionais tenham acesso ao histórico médico completo do paciente. Isso é essencial para a tomada de decisões clínicas informadas e para evitar lacunas no tratamento, especialmente em casos de condições crônicas ou complexas.

2. Melhoria na precisão do diagnóstico e tratamento: Com acesso às informações completas sobre o histórico de saúde do paciente, os profissionais podem realizar diagnósticos mais precisos e desenvolver planos de tratamento mais eficazes. Isso reduz o risco de erros médicos e promove melhores resultados clínicos para os pacientes.

3. Redução de redundâncias e custos: Ao permitir que as clínicas acessem facilmente os dados de saúde existentes de um paciente, a portabilidade dos dados ajuda a evitar a repetição de exames e procedimentos desnecessários. Isso não apenas reduz os custos para os pacientes e o sistema de saúde, mas também minimiza o desconforto e o risco associado a procedimentos médicos adicionais.

4.4. DESAFIOS DA PORTABILIDADE DOS DADOS ENTRE CLÍNICAS:

1. Padrões de interoperabilidade: Um dos principais desafios é garantir que os sistemas de informação de saúde das clínicas sejam compatíveis e capazes de trocar dados de forma eficiente. A falta de padronização e interoperabilidade pode dificultar a transferência de dados entre diferentes sistemas, limitando a eficácia da portabilidade dos dados.

2. Segurança e privacidade: A transferência de dados de saúde entre clínicas requer medidas robustas de segurança e privacidade para proteger as informações sensíveis dos pacientes contra acesso não autorizado e uso indevido. Garantir a conformidade com regulamentações de proteção de dados, como o GDPR (Regulamento Geral de Proteção de Dados) na União Europeia ou a HIPAA (Lei de Portabilidade e Responsabilidade do Seguro de Saúde) nos Estados Unidos, é essencial para mitigar os riscos de violações de dados.

3. Custos e recursos: Implementar e manter sistemas de informação de saúde que suportem a portabilidade dos dados pode ser caro e exigir recursos significativos em termos de infraestrutura, treinamento de pessoal e manutenção contínua. Especialmente para clínicas menores ou com recursos limitados, os custos associados à adoção de tecnologias interoperáveis podem ser um obstáculo significativo.

A portabilidade dos dados entre clínicas oferece uma série de benefícios significativos para pacientes, profissionais de saúde e sistemas de saúde como um todo. No entanto, para que esses benefícios sejam plenamente realizados, é crucial enfrentar os desafios relacionados à interoperabilidade, segurança, privacidade, custos e recursos. Isso requer um compromisso contínuo com a padronização de sistemas de informação de saúde, o desenvolvimento e a adoção de protocolos de segurança robustos e a alocação adequada de recursos para suportar a troca eficiente de dados de saúde entre clínicas.

Além disso, é fundamental promover uma cultura de colaboração e compartilhamento de informações entre as instituições de saúde, incentivando a cooperação em vez da competição. Isso pode envolver a criação de incentivos financeiros e regulatórios para a adoção de práticas que facilitem a portabilidade dos dados, bem como a conscientização e educação dos profissionais de saúde sobre a importância da troca de informações para a prestação de cuidados de saúde de qualidade.

Em última análise, ao superar os desafios associados à portabilidade dos dados entre clínicas, podemos avançar em direção a um sistema de saúde mais integrado, eficiente e centrado no paciente, proporcionando melhores resultados clínicos e uma experiência de cuidado mais satisfatória para todos os envolvidos.

CAPÍTULO 5

PRESERVANDO A CONFIDENCILIDADE: SEGURANÇA DA INFORMAÇÃO E PROTEÇÃO DE DADOS EM AMBIENTES CLINICOS

5.1.   SEGURANÇA DA INFOIRMAÇÃO E PROTEÇÃO DE DADOS NAS CLINICAS MÉDICAS

Introdução:

A segurança da informação e a proteção de dados são aspectos cruciais em todas as áreas da saúde, especialmente em clínicas médicas, onde a confidencialidade, integridade e disponibilidade das informações dos pacientes são fundamentais para garantir um atendimento de qualidade e ético. Neste contexto, é essencial abordar de forma original e fundamentada os desafios e medidas necessárias para garantir a segurança da informação e a proteção de dados nas clínicas médicas.

5.2. CRIPTOGRAFIA E SEGURANÇA DOS DADOS:

A implementação de criptografia nos sistemas de gestão de informações das clínicas médicas é essencial para garantir a segurança dos dados dos pacientes. A criptografia protege as informações sensíveis por meio da codificação, tornando-as ilegíveis para indivíduos não autorizados.

Essa medida é fundamental para cumprir regulamentações de proteção de dados, como a Lei Geral de Proteção de Dados (LGPD), além de garantir a privacidade dos pacientes e a confidencialidade de seus registros médicos.

5.3. CONTROLE DE ACESSO E PRIVACIDADE DOS PACIENTES:

A implementação de sistemas robustos de controle de acesso é essencial para garantir que apenas pessoal autorizado tenha acesso às informações dos pacientes. A atribuição de permissões específicas de acordo com as funções de cada profissional reduz o risco de violações de dados e garante a privacidade dos pacientes. Além disso, é importante educar os funcionários sobre a importância da privacidade dos dados e a responsabilidade associada ao acesso às informações dos pacientes.

5.4. BACKUP E RECUPERAÇÃO DE DADOS:

A realização regular de backups dos dados é fundamental para garantir a disponibilidade e integridade das informações nas clínicas médicas. Em caso de falha nos sistemas ou ataques cibernéticos, os backups permitem a rápida recuperação dos dados, minimizando o impacto nas operações da clínica e garantindo a continuidade do atendimento aos pacientes. A implementação de políticas de backup eficazes, com armazenamento seguro e testes regulares de recuperação, é essencial para mitigar os riscos associados à perda de dados.

5.5. CONFORMIDADE COM REGULAMENTAÇÕES DE PROTEÇÃO DE DADOS:

As clínicas médicas devem estar em conformidade com regulamentações de proteção de dados, como a LGPD, para garantir a segurança e privacidade das informações dos pacientes. Isso inclui a adoção de medidas técnicas e organizacionais adequadas, a nomeação de um encarregado de proteção de dados (DPO) e a implementação de políticas de privacidade transparentes. O descumprimento dessas regulamentações pode resultar em penalidades financeiras significativas e danos à reputação da clínica.

A segurança da informação e a proteção de dados são aspectos cruciais para garantir a qualidade e ética no atendimento médico. A implementação de medidas como criptografia, controle de acesso, backups regulares e conformidade com regulamentações são fundamentais para garantir a confidencialidade, integridade e disponibilidade das informações dos pacientes nas clínicas médicas. Essas medidas não apenas protegem os dados sensíveis, mas também fortalecem a confiança dos pacientes na instituição médica.

Em um cenário cada vez mais digital e interconectado, a segurança da informação e a proteção de dados nas clínicas médicas não são apenas requisitos legais, mas sim pilares essenciais para a manutenção da confiança dos pacientes e a integridade das práticas médicas. Ao implementar medidas robustas de criptografia, controle de acesso, backups regulares e conformidade com regulamentações, as clínicas não apenas protegem os dados sensíveis, mas também reforçam o compromisso com a privacidade e a ética no cuidado com a saúde. Dessa forma, é possível garantir que as informações dos pacientes permaneçam confidenciais, íntegras e disponíveis, promovendo um ambiente de confiança e segurança tanto para os pacientes quanto para os profissionais de saúde.

5.6. MEDIDAS DE SEGURANÇA E PROTEÇÃO DAS INFORMAÇÕES

A Lei Geral de Proteção de Dados (LGPD) é uma legislação fundamental que estabelece diretrizes para o tratamento de dados pessoais, visando proteger a privacidade e a segurança das informações dos indivíduos. Quando aplicada às clínicas médicas, essa legislação se torna ainda mais crucial, dado o caráter sensível das informações de saúde dos pacientes. Portanto, medidas de segurança e proteção das informações são essenciais para garantir o cumprimento da LGPD e a segurança dos dados dos pacientes.

Primeiramente, a LGPD exige que as clínicas médicas adotem medidas técnicas e organizacionais para proteger os dados pessoais dos pacientes contra acessos não autorizados, vazamentos e uso indevido. Isso inclui a implementação de sistemas de segurança da informação, como firewalls, criptografia de dados, controle de acesso e monitoramento de atividades, para garantir a integridade, confidencialidade e disponibilidade das informações.

Além disso, a LGPD estabelece a necessidade de políticas e procedimentos internos claros para o tratamento dos dados pessoais, incluindo a designação de um encarregado de proteção de dados (DPO) responsável por garantir a conformidade com a legislação. As clínicas médicas devem promover a conscientização e o treinamento dos funcionários sobre as práticas adequadas de proteção de dados e as consequências do descumprimento da LGPD.

Outro ponto importante é a realização de avaliações de impacto à privacidade (PIA), que ajudam a identificar e mitigar os riscos associados ao tratamento de dados pessoais nas clínicas médicas. Isso permite que medidas de segurança adequadas sejam implementadas desde a concepção de novos serviços ou processos, garantindo a conformidade contínua com a LGPD.

Além disso, a LGPD prevê a necessidade de comunicação transparente com os pacientes sobre como seus dados pessoais são coletados, armazenados e utilizados pelas clínicas médicas. Isso inclui a obtenção de consentimento válido e específico para o tratamento dos dados, bem como a garantia de que os pacientes possam exercer seus direitos de acesso, retificação, exclusão e portabilidade de seus dados.

Em resumo, as clínicas médicas devem adotar medidas abrangentes de segurança e proteção das informações para garantir o cumprimento da LGPD e proteger a privacidade dos dados pessoais dos pacientes. Isso envolve a implementação de tecnologias e procedimentos adequados, a conscientização dos funcionários e a transparência na comunicação com os pacientes. Ao seguir essas diretrizes, as clínicas médicas podem garantir a confiança e a segurança dos pacientes em relação ao tratamento de seus dados pessoais.

Além das medidas de segurança mencionadas, as clínicas médicas também devem considerar a necessidade de realizar auditorias periódicas para garantir a eficácia dos controles de segurança implementados. Isso permite identificar potenciais vulnerabilidades e realizar ajustes conforme necessário para manter a conformidade com a LGPD e proteger os dados dos pacientes.

Outro aspecto crucial é a adoção de práticas de anonimização e pseudonimização sempre que possível, especialmente ao compartilhar dados pessoais com terceiros, como laboratórios ou seguradoras. Essas técnicas ajudam a reduzir o risco de identificação dos pacientes e minimizam a exposição de informações sensíveis.

Além disso, é importante que as clínicas médicas estejam preparadas para lidar com incidentes de segurança de dados, como vazamentos ou violações. Isso inclui a implementação de planos de resposta a incidentes, que detalham os procedimentos a serem seguidos em caso de incidente, incluindo a notificação às autoridades competentes e aos pacientes afetados, conforme exigido pela LGPD.

Por fim, as clínicas médicas devem manter-se atualizadas sobre as evoluções da legislação e das melhores práticas em proteção de dados, adaptando continuamente suas políticas e procedimentos para garantir a conformidade e a segurança das informações dos pacientes.

Em suma, a proteção das informações na perspectiva da LGPD para clínicas médicas exige uma abordagem abrangente, que inclui medidas técnicas, organizacionais e legais para garantir a segurança e a privacidade dos dados dos pacientes. Ao adotar essas medidas de forma proativa e contínua, as clínicas médicas podem não apenas cumprir com os requisitos legais, mas também construir uma base sólida de confiança com seus pacientes.

Ao adotar essas medidas de forma proativa e contínua, as clínicas médicas não apenas cumprem com os requisitos legais da LGPD, mas também demonstram um compromisso genuíno com a proteção da privacidade e segurança dos dados dos pacientes. Isso não apenas fortalece a confiança dos pacientes nas clínicas, mas também contribui para a reputação e credibilidade da instituição médica.

Além disso, a conformidade com a LGPD não é apenas uma obrigação legal, mas também uma oportunidade para as clínicas médicas aprimorarem suas práticas de gestão de dados e garantirem uma abordagem ética e responsável em relação ao tratamento das informações dos pacientes. Ao investir em segurança da informação e proteção de dados, as clínicas médicas estão investindo no bem-estar de seus pacientes e na sustentabilidade de seus negócios a longo prazo.

Portanto, é fundamental que as clínicas médicas reconheçam a importância da LGPD e implementem medidas adequadas de segurança e proteção das informações para garantir a conformidade legal e a confiança dos pacientes. Ao fazer isso, elas não apenas cumprem com as exigências legais, mas também demonstram um compromisso com a privacidade e segurança dos dados, contribuindo para uma prática médica mais ética, transparente e responsável.

5.7. POLÍTICAS INTERNAS DE ACESSO E CONTROLE DE DADOS

As políticas internas de acesso e controle de dados desempenham um papel crucial na proteção da privacidade e segurança das informações dentro de uma organização. Existem várias razões pelas quais essas políticas são essenciais:

1. do Proteção da Privacidade Usuário: As políticas de acesso e controle de dados garantem que apenas indivíduos autorizados tenham acesso às informações sensíveis dos usuários. Isso ajuda a proteger a privacidade dos clientes e funcionários, evitando que dados confidenciais sejam indevidamente expostos ou compartilhados.

2 **Conformidade Legal:** Muitas organizações estão sujeitas a regulamentações rigorosas relacionadas à privacidade de dados, como o GDPR na União Europeia ou a Lei Geral de Proteção de Dados (LGPD) no Brasil. Implementar políticas internas robustas de acesso e controle de dados ajuda a garantir que a empresa esteja em conformidade com essas leis e evite possíveis penalidades legais e danos à reputação.

3. Prevenção de Violações de Dados: Restringir o acesso apenas a funcionários autorizados e implementar controles de segurança adequados reduz significativamente o risco de violações de dados. Isso inclui não apenas ataques externos, mas também a prevenção de acesso não autorizado por parte de funcionários mal-intencionados ou descuidados.

4. **Gerenciamento Eficiente de Dados:** Políticas claras de acesso e controle de dados ajudam a garantir que as informações sejam acessadas e utilizadas de maneira eficiente e responsável. Isso pode incluir a implementação de procedimentos para conceder e revogar acesso, garantir a precisão dos dados e monitorar atividades suspeitas

5. Criação de uma Cultura de Segurança: Ao estabelecer políticas claras e promover a conscientização sobre a importância da segurança de dados, as organizações podem criar uma cultura interna que valorize a proteção das informações. Isso pode levar a uma maior responsabilidade entre os funcionários e reduzir o risco de incidentes de segurança.

Para implementar efetivamente políticas internas de acesso e controle de dados, as organizações devem adotar uma abordagem abrangente que inclua:

Avaliação de Riscos: Identificar e avaliar os riscos potenciais associados ao acesso e uso de dados dentro da organização.

Design de Políticas: Desenvolver políticas claras e abrangentes que estabeleçam quem tem acesso aos dados, sob quais condições e como esses acessos são controlados e monitorados.

Treinamento e Conscientização: Fornecer treinamento regular para funcionários sobre as políticas de acesso e controle de dados, enfatizando a importância da segurança da informação e as consequências de violações.

Implementação de Tecnologia: Utilizar ferramentas de segurança de dados, como sistemas de gerenciamento de acesso e identidade (IAM) e soluções de criptografia, para reforçar as políticas internas e proteger os dados contra ameaças internas e externas.

Monitoramento e Auditoria: Estabelecer processos para monitorar atividades de acesso e uso de dados, além de conduzir auditorias regulares para garantir a conformidade com as políticas estabelecidas.

Em resumo, as políticas internas de acesso e controle de dados são fundamentais para proteger a privacidade, garantir a conformidade legal, prevenir violações de dados e promover uma cultura de segurança da informação dentro das organizações.

Ao implementar e fazer cumprir essas políticas de forma eficaz, as empresas podem mitigar os riscos associados ao manuseio de informações sensíveis e construir confiança com seus clientes e parceiros.

Além das medidas mencionadas anteriormente, é importante ressaltar alguns aspectos adicionais que podem fortalecer ainda mais as políticas internas de acesso e controle de dados:

Gestão de Terceiros: Muitas organizações compartilham dados com terceiros, como fornecedores e parceiros de negócios. É fundamental estabelecer diretrizes claras para o compartilhamento de dados e garantir que os terceiros cumpram os mesmos padrões de segurança e privacidade que a organização.

Atualização Contínua: As políticas de acesso e controle de dados não devem ser estáticas. É crucial revisá-las regularmente para garantir que estejam alinhadas com as mudanças nas regulamentações, tecnologias e ameaças de segurança em constante evolução.

Resposta a Incidentes: Mesmo com medidas preventivas robustas, é possível que ocorram violações de dados. É essencial ter planos de resposta a incidentes em vigor, delineando os procedimentos a serem seguidos em caso de uma violação de dados para mitigar os danos e responder rapidamente à situação.

Transparência e Comunicação: Promover a transparência e a comunicação aberta sobre as políticas de acesso e controle de dados ajuda a construir confiança com os stakeholders, incluindo clientes, funcionários e reguladores. Isso pode incluir a divulgação de informações sobre como os dados são coletados, armazenados, utilizados e protegidos.

Responsabilidade e Prestação de Contas: Estabelecer claramente quem é responsável pela implementação e aplicação das políticas de acesso e controle de dados dentro da organização é essencial.

Além disso, é importante ter mecanismos de prestação de contas para garantir que os indivíduos e departamentos sejam responsáveis por cumprir as políticas estabelecidas.

Em última análise, as políticas internas de acesso e controle de dados devem ser adaptadas às necessidades e circunstâncias específicas de cada organização, levando em consideração seus objetivos, recursos e ambiente operacional. Ao adotar uma abordagem abrangente e proativa para a segurança da informação, as organizações podem proteger melhor seus dados e mitigar os riscos associados ao seu manuseio.

Em conclusão, as políticas internas de acesso e controle de dados são uma parte fundamental da estratégia de segurança da informação de uma organização. Ao estabelecer diretrizes claras, implementar medidas de segurança adequadas e promover uma cultura de conscientização sobre a importância da proteção de dados, as empresas podem proteger a privacidade de seus clientes, cumprir as regulamentações aplicáveis e mitigar os riscos de violações de dados.

Investir em políticas internas de acesso e controle de dados não apenas protege a organização contra ameaças internas e externas, mas também contribui para a construção de confiança com os stakeholders e a preservação da reputação da empresa. Além disso, ao adotar uma abordagem proativa para a segurança da informação, as organizações podem estar melhor preparadas para enfrentar os desafios emergentes e garantir a proteção contínua de seus dados no ambiente digital em constante evolução.

5.8. TREINAMENTO E CONSCIENTIZAÇÃO DOS COLABORADORES

Treinamento e conscientização dos colaboradores são pilares fundamentais para o sucesso de qualquer organização. Essas práticas não apenas capacitam os funcionários a desempenharem melhor suas funções, mas também promovem uma cultura organizacional sólida e engajada.

Primeiramente, o treinamento oferece aos colaboradores as habilidades e conhecimentos necessários para executarem suas tarefas com eficiência e precisão.

Seja por meio de programas formais, workshops ou treinamentos on-the-job, os funcionários têm a oportunidade de adquirir novas competências técnicas e comportamentais, mantendo-se atualizados com as melhores práticas e tecnologias emergentes.

Isso não apenas aumenta a produtividade individual, mas também contribui para o sucesso geral da empresa.

Além disso, a conscientização dos colaboradores é essencial para promover uma cultura de segurança, ética e responsabilidade. Ao educar os funcionários sobre políticas internas, regulamentos externos e questões relevantes, como diversidade e inclusão, sustentabilidade e segurança cibernética, as organizações podem reduzir o risco de incidentes, melhorar a tomada de decisões éticas e fortalecer a reputação da empresa.

Ademais, o treinamento e a conscientização têm o poder de motivar e engajar os colaboradores, mostrando-lhes que a empresa valoriza seu desenvolvimento pessoal e profissional. Quando os funcionários se sentem apoiados e investidos pela organização, tendem a ser mais dedicados, criativos e leais, o que, por sua vez, impulsiona a inovação e o sucesso empresarial a longo prazo.

Em suma, investir em treinamento e conscientização dos colaboradores não é apenas uma prática benéfica, mas uma necessidade estratégica para as organizações modernas. Ao capacitar e informar sua equipe, as empresas podem alcançar níveis mais altos de desempenho, ética e engajamento, garantindo sua competitividade e sustentabilidade no mercado.

Além disso, é importante destacar que o treinamento e a conscientização dos colaboradores não se limitam apenas aos aspectos técnicos e operacionais do trabalho. Eles também desempenham um papel crucial na construção de uma cultura organizacional forte e coesa.

Por meio de programas de treinamento que abordam valores corporativos, normas de conduta e princípios éticos, as empresas podem moldar a mentalidade e o comportamento de seus funcionários, promovendo um ambiente de trabalho saudável e colaborativo. Isso é especialmente importante em organizações que buscam cultivar uma cultura baseada na confiança, integridade e respeito mútuo.

Além disso, a conscientização dos colaboradores sobre questões sociais e ambientais emergentes pode ajudar a empresa a se posicionar como um líder responsável e comprometido com a sustentabilidade. Ao educar os funcionários sobre práticas eco-friendly, diversidade e inclusão, responsabilidade social corporativa e outros temas relevantes, as organizações podem inspirar mudanças positivas tanto dentro quanto fora do ambiente de trabalho.

Por fim, o treinamento e a conscientização dos colaboradores são investimentos valiosos no capital humano de uma empresa. Ao proporcionar oportunidades de aprendizado e desenvolvimento, as organizações demonstram seu compromisso com o crescimento e o sucesso de seus funcionários a longo prazo. Isso não apenas melhora a retenção de talentos e a satisfação dos colaboradores, mas também fortalece a posição competitiva da empresa no mercado.

Portanto, é inegável que o treinamento e a conscientização dos colaboradores são essenciais para o crescimento e a sustentabilidade de qualquer organização, proporcionando benefícios tangíveis e intangíveis que contribuem para o sucesso a longo prazo.

Em conclusão, o treinamento e a conscientização dos colaboradores são investimentos estratégicos que não devem ser subestimados por nenhuma organização. Essas práticas não apenas capacitam os funcionários a desempenharem melhor suas funções, mas também promovem uma cultura organizacional sólida, ética e engajada.

Ao oferecer treinamentos abrangentes e programas de conscientização, as empresas demonstram seu compromisso com o desenvolvimento e o bem-estar de sua equipe, criando um ambiente onde os colaboradores se sintam valorizados, respeitados e motivados a alcançar seu pleno potencial.

Portanto, ao priorizar o treinamento e a conscientização dos colaboradores, as organizações não apenas garantem sua competitividade e sustentabilidade no mercado, mas também contribuem para um mundo empresarial mais ético, inclusivo e responsável.

CAPÍTULO 6

TRANSFORMAÇÃO DIGITAL NA SAÚDE: EXPLORANDO O USO DA TECNOLOGIA E DO PRONTUÁRIO ELETRÔNICO

6.1.   O USO DE TECNOLGIA E PRONTUÁRIO ELETRÔNICO

O uso de tecnologia e prontuário eletrônico em clínicas médicas no contexto da Lei Geral de Proteção de Dados (LGPD) traz uma série de desafios e oportunidades. A LGPD estabelece regras rigorosas para o tratamento de dados pessoais, visando garantir a privacidade e segurança das informações dos pacientes.

Nesse sentido, a implementação de sistemas de prontuário eletrônico deve ser feita de forma cuidadosa e conforme as diretrizes estabelecidas pela legislação.

Por um lado, o uso de prontuários eletrônicos pode melhorar significativamente a qualidade do atendimento médico, permitindo o acesso rápido e fácil às informações dos pacientes, facilitando a comunicação entre profissionais de saúde e reduzindo erros de interpretação de dados manuscritos. Além disso, esses sistemas podem oferecer recursos avançados, como alertas de interações medicamentosas, histórico detalhado de tratamentos e acompanhamento remoto de pacientes, contribuindo para uma abordagem mais eficiente e personalizada na prestação de cuidados de saúde.

No entanto, a adoção de prontuários eletrônicos também levanta preocupações em relação à segurança e privacidade dos dados dos pacientes. Os sistemas devem ser projetados e implementados levando em consideração os requisitos de proteção de dados da LGPD, incluindo a necessidade de consentimento informado para o uso e compartilhamento de informações pessoais, a implementação de medidas de segurança robustas para proteger os dados contra acessos não autorizados e a garantia da transparência no tratamento das informações.

Além disso, é fundamental que as clínicas médicas estejam preparadas para lidar com incidentes de segurança, como vazamentos de dados, e cumprir com as obrigações legais de notificação às autoridades competentes e aos pacientes afetados. Isso requer a implementação de políticas e procedimentos claros para o gerenciamento de dados, a realização de avaliações de risco regulares e a capacitação dos profissionais de saúde em questões de privacidade e segurança da informação.

Em resumo, o uso de tecnologia e prontuário eletrônico em clínicas médicas no contexto da LGPD pode trazer benefícios significativos para a prestação de cuidados de saúde, mas é essencial que as instituições estejam cientes das suas responsabilidades legais e adotem medidas adequadas para proteger a privacidade e segurança dos dados dos pacientes. O cumprimento das disposições da LGPD não apenas protege os direitos dos pacientes, mas também fortalece a confiança na relação entre profissionais de saúde e usuários dos serviços médicos.

Além disso, é importante destacar que a conformidade com a LGPD não é apenas uma obrigação legal, mas também uma oportunidade para as clínicas médicas demonstrarem seu compromisso com a proteção dos dados dos pacientes e sua ética profissional. Instituições que implementam boas práticas de proteção de dados podem ganhar uma vantagem competitiva, atraindo pacientes que valorizam a privacidade e a segurança de suas informações pessoais.

A transparência também desempenha um papel fundamental no uso de tecnologia e prontuário eletrônico. As clínicas médicas devem informar claramente aos pacientes como seus dados serão coletados, armazenados e utilizados, garantindo que compreendam os objetivos e os benefícios do uso dessas tecnologias. Além disso, os pacientes devem ter o direito de acessar e controlar suas informações pessoais, podendo corrigir ou excluir dados incorretos ou desnecessários.

Outro aspecto a considerar é a interoperabilidade dos sistemas de prontuário eletrônico, permitindo a troca segura de informações entre diferentes instituições de saúde. Isso pode melhorar a continuidade do cuidado e a coordenação entre profissionais de saúde, garantindo uma abordagem mais integrada e eficaz no tratamento dos pacientes.

Em suma, o uso de tecnologia e prontuário eletrônico em clínicas médicas no contexto da LGPD oferece benefícios significativos, mas também requer um compromisso sério com a proteção da privacidade e segurança dos dados dos pacientes. Ao adotar uma abordagem ética e transparente no tratamento das informações pessoais, as instituições de saúde podem fortalecer a confiança dos pacientes e promover uma prestação de cuidados mais eficaz e centrada no paciente.

Além disso, as clínicas médicas devem estar cientes de que o uso de tecnologia e prontuário eletrônico no contexto da LGPD também envolve questões éticas e sociais mais amplas. Por exemplo, é importante considerar como essas tecnologias podem afetar a relação médico-paciente, garantindo que a introdução de sistemas eletrônicos não comprometa a qualidade do cuidado humano e empático.

A implementação de prontuários eletrônicos também pode gerar disparidades no acesso à saúde, especialmente em comunidades com recursos limitados ou acesso restrito à tecnologia. Portanto, é crucial que as clínicas médicas adotem uma abordagem inclusiva, garantindo que todos os pacientes possam se beneficiar das melhorias proporcionadas pela tecnologia, sem excluir aqueles que não têm acesso fácil a dispositivos eletrônicos ou internet.

Além disso, é importante estar atento aos riscos potenciais de vieses algorítmicos e discriminação algorítmica no uso de tecnologia em saúde. Os sistemas de prontuário eletrônico devem ser projetados e avaliados para evitar a reprodução de preconceitos e garantir que todas as decisões clínicas sejam baseadas em evidências sólidas e imparciais.

Em resumo, o uso de tecnologia e prontuário eletrônico em clínicas médicas no contexto da LGPD oferece oportunidades significativas para melhorar a qualidade e eficiência dos cuidados de saúde, mas também apresenta desafios complexos que exigem uma abordagem ética, inclusiva e centrada no paciente. Ao enfrentar esses desafios de forma proativa e responsável, as clínicas médicas podem maximizar os benefícios da tecnologia enquanto protegem os direitos e interesses dos pacientes.

Em conclusão, o uso de tecnologia e prontuário eletrônico em clínicas médicas sob o escopo da LGPD representa uma mudança significativa na forma como a saúde é gerenciada e fornecida. Embora ofereça benefícios claros em termos de eficiência, coordenação do cuidado e acesso a informações essenciais, também traz desafios importantes relacionados à privacidade, segurança, equidade e ética.

Para garantir que a implementação dessas tecnologias seja bem-sucedida e benéfica para todos os envolvidos, é fundamental que as clínicas médicas adotem uma abordagem cuidadosa e abrangente, considerando não apenas as exigências legais, mas também as implicações éticas, sociais e de equidade. Ao fazê-lo, podem garantir que os benefícios da tecnologia sejam maximizados, enquanto os direitos e interesses dos pacientes são devidamente protegidos e respeitados.

6.2. IMPLEMENTAÇÃO DO PRONTUÁRIO ELETRÔNICO (PEP)

A implementação do Prontuário Eletrônico de Pacientes (PEP) é um passo crucial para modernizar as clínicas médicas, proporcionando uma série de benefícios, como melhoria da qualidade do atendimento, eficiência operacional e segurança dos dados dos pacientes. No contexto da Lei Geral de Proteção de Dados (LGPD) brasileira, é essencial abordar as regulamentações específicas para garantir a conformidade e proteger a privacidade e segurança das informações dos pacientes.

6.3. MELHORIA DA QUALIDADE DO ATENDIMENTO

. A implementação do PEP permite aos profissionais de saúde acessar de forma rápida e precisa o histórico completo do paciente, facilitando uma tomada de decisão informada e personalizada. Isso contribui para a qualidade do atendimento ao evitar erros médicos decorrentes de informações incompletas ou imprecisas. Além disso, a integração de sistemas de apoio à decisão clínica no PEP pode melhorar ainda mais a qualidade do atendimento ao garantir práticas baseadas em evidências e protocolos atualizados

6.4. EFICIÊNCIA OPERACIONAL E REDUÇÃO DE CUSTOS

A adoção do PEP promove a eficiência operacional das clínicas médicas, reduzindo o tempo gasto em tarefas administrativas e a duplicação de esforços. Com informações centralizadas e acessíveis, os profissionais de saúde podem realizar tarefas como prescrição de medicamentos, solicitação de exames e agendamento de consultas de forma mais rápida e precisa. Isso resulta em uma redução de custos a longo prazo, além de otimizar os processos internos.

6.4. SEGURANÇA E PRIVACIDADE DOS DADOS EM CONFORMIDADE COM A LGPD

No contexto da LGPD brasileira, é fundamental garantir a segurança e privacidade dos dados dos pacientes. A implementação do PEP deve estar alinhada com as regulamentações da LGPD, incluindo medidas robustas de segurança cibernética, como criptografia de dados, controle de acesso baseado em função e auditorias regulares. Além disso, as clínicas médicas devem garantir o consentimento adequado dos pacientes para o uso e processamento de seus dados pessoais, conforme exigido pela LGPD.

6.5. MAXIMIZANDO OS BENEFÍCIOS DO PRONTUÁRIO ELETRÔNICO DE PACIENTES EM CONFORMIDADE COM A LGPD BRASILEIRA

A implementação do Prontuário Eletrônico de Pacientes (PEP) representa um avanço significativo para as clínicas médicas, oferecendo uma série de vantagens, desde aprimoramentos na qualidade do atendimento até ganhos de eficiência operacional. No entanto, para garantir o máximo aproveitamento desses benefícios, é essencial uma abordagem abrangente que incorpore a conformidade com a Lei Geral de Proteção de Dados (LGPD) brasileira em todos os aspectos do processo.

A melhoria da qualidade do atendimento é alcançada por meio do acesso rápido e preciso às informações do paciente, permitindo decisões informadas e personalizadas. A integração de sistemas de apoio à decisão clínica fortalece ainda mais esse aspecto, garantindo que as práticas médicas sejam baseadas em evidências atualizadas e protocolos estabelecidos.

A eficiência operacional é outro benefício significativo, reduzindo o tempo gasto em tarefas administrativas e eliminando redundâncias. Com um PEP bem implementado, os profissionais de saúde podem dedicar mais tempo ao cuidado direto do paciente, enquanto processos como prescrição de medicamentos, solicitação de exames e agendamento de consultas são simplificados e agilizados.

No entanto, é importante ressaltar que a segurança e privacidade dos dados dos pacientes não podem ser comprometidas em nenhum momento. Em conformidade com a LGPD brasileira, as clínicas médicas devem adotar medidas robustas de segurança cibernética, como criptografia de dados e controle de acesso restrito, para proteger as informações confidenciais dos pacientes. Além disso, é fundamental obter o consentimento explícito dos pacientes para o processamento de seus dados pessoais, assegurando que suas informações sejam utilizadas apenas para os fins autorizados.

Em suma, ao adotar uma abordagem abrangente que integre qualidade do atendimento, eficiência operacional e conformidade com a LGPD, as clínicas médicas podem maximizar os benefícios do Prontuário Eletrônico de Pacientes, oferecendo um cuidado de saúde superior enquanto protegem os direitos e privacidade dos pacientes.

6.6. GARANTINDO A CONFORMIDADE COM A TECNOLOGIA COM A LGPD

A conformidade com a Lei Geral de Proteção de Dados (LGPD) é crucial para clínicas médicas, considerando a sensibilidade dos dados pessoais dos pacientes. A tecnologia desempenha um papel fundamental nesse processo, mas é essencial garantir que esteja alinhada com os requisitos da LGPD. Aqui estão alguns argumentos fundamentados sobre como garantir essa conformidade:

1. **Proteção dos dados pessoais sensíveis**: A LGPD define dados de saúde como sensíveis e requer medidas específicas para protegê-los. Ao utilizar tecnologia, as clínicas médicas devem garantir que os sistemas de gestão de dados estejam criptografados e protegidos contra acessos não autorizados. Isso inclui a implementação de firewalls, autenticação de usuários e protocolos de segurança robustos.

2. **Consentimento do paciente**: A LGPD exige o consentimento explícito do paciente para o processamento de seus dados pessoais. As clínicas devem adotar sistemas que facilitem o registro e o gerenciamento do consentimento do paciente. Isso pode incluir a implementação de formulários eletrônicos de consentimento e registros detalhados de todas as interações de consentimento.

3. **Transparência e prestação de contas**: A LGPD enfatiza a transparência no tratamento de dados pessoais e a responsabilidade das organizações em garantir a conformidade. As clínicas médicas devem adotar políticas claras de privacidade e proteção de dados, disponibilizando informações sobre como os dados são coletados, armazenados e utilizados. Além disso, é essencial designar um encarregado pela proteção de dados (DPO) para supervisionar o cumprimento da LGPD dentro da organização.

4. **Minimização de dados e finalidade específica**: A LGPD requer que os dados pessoais sejam coletados apenas para finalidades específicas e legítimas, limitando a coleta ao mínimo necessário para alcançar essas finalidades. As clínicas médicas devem garantir que seus sistemas de tecnologia estejam configurados para coletar apenas os dados essenciais para o atendimento ao paciente e para as finalidades determinadas, evitando a coleta excessiva ou desnecessária de informações.

5. **Segurança da informação e prevenção de vazamentos**: A LGPD exige que as organizações implementem medidas técnicas e organizacionais para garantir a segurança dos dados pessoais e prevenir vazamentos ou incidentes de segurança. As clínicas médicas devem realizar avaliações de risco regulares e implementar medidas de segurança, como a criptografia de dados, backups regulares e treinamento dos funcionários em práticas de segurança da informação.

6. **Monitoramento e atualização contínua**: A conformidade com a LGPD não é um processo estático, mas sim contínuo. As clínicas médicas devem estabelecer procedimentos para monitorar e revisar regularmente suas práticas de proteção de dados, bem como para atualizar seus sistemas de tecnologia de acordo com as mudanças na legislação ou nas melhores práticas de segurança da informação. Isso inclui a realização de auditorias internas e a implementação de melhorias conforme necessário para garantir que os dados dos pacientes continuem sendo protegidos adequadamente.

7. **Parcerias com fornecedores de tecnologia confiáveis**: Ao selecionar e utilizar sistemas de tecnologia, as clínicas médicas devem priorizar parcerias com fornecedores que estejam comprometidos com a conformidade com a LGPD e que ofereçam soluções que atendam aos mais altos padrões de segurança e privacidade de dados. Isso pode envolver a realização de due diligence durante o processo de seleção de fornecedores e a inclusão de cláusulas contratuais específicas relacionadas à proteção de dados nos acordos comerciais.

8. **Educação e conscientização dos funcionários**: Os funcionários das clínicas médicas desempenham um papel fundamental na proteção dos dados dos pacientes. Portanto, é crucial fornecer treinamento adequado sobre as disposições da LGPD, as políticas internas de privacidade e segurança de dados, e as melhores práticas para evitar violações de dados. Isso pode ajudar a garantir que todos os membros da equipe estejam cientes de suas responsabilidades e contribuam para a conformidade geral da organização.

9. **Auditorias e conformidade**: Além de implementar medidas de segurança e políticas de privacidade, as clínicas médicas devem realizar auditorias regulares para garantir a conformidade contínua com a LGPD. Isso envolve revisar regularmente os processos internos, políticas de segurança de dados e práticas de gestão de informações para identificar possíveis áreas de não conformidade e implementar medidas corretivas conforme necessário. O acompanhamento constante da conformidade por meio de auditorias ajuda a garantir que a clínica esteja sempre alinhada com os requisitos legais e que os dados dos pacientes permaneçam protegidos de acordo com as diretrizes da LGPD.

10. **Resposta a incidentes e notificação de violações**: Apesar das medidas preventivas, é possível que ocorram incidentes de segurança de dados. Nestes casos, as clínicas médicas devem estar preparadas para responder prontamente, implementando um plano de resposta a incidentes que inclua a identificação rápida da violação, mitigação dos danos, notificação adequada às autoridades competentes e comunicação transparente com os pacientes afetados. A capacidade de responder eficazmente a incidentes de segurança demonstra o compromisso da clínica com a proteção dos dados dos pacientes e ajuda a mitigar potenciais danos à reputação e à confiança dos pacientes.

Portanto, garantir a conformidade da tecnologia com a LGPD no contexto das clínicas médicas não é apenas uma obrigação legal, mas também uma questão de ética e responsabilidade para com os pacientes.

Ao adotar uma abordagem abrangente que aborde todos os aspectos da proteção de dados, desde a implementação de medidas técnicas até a educação dos funcionários e a resposta a incidentes, as clínicas podem estabelecer uma cultura de segurança de dados sólida e demonstrar seu compromisso com a privacidade e a confidencialidade das informações dos pacientes.

Em última análise, a conformidade da tecnologia com a LGPD nas clínicas médicas não é apenas uma exigência legal, mas uma necessidade ética e moral. Proteger os dados sensíveis dos pacientes não só é fundamental para o cumprimento das leis de privacidade, mas também para manter a confiança e o respeito mútuo entre profissionais de saúde e pacientes. Ao implementar medidas robustas de segurança da informação, promover a conscientização dos funcionários e realizar auditorias regulares, as clínicas médicas podem não apenas cumprir os requisitos da LGPD, mas também demonstrar um compromisso genuíno com a proteção e o respeito aos direitos de privacidade dos pacientes. Este compromisso não só fortalece a segurança dos dados, mas também fortalece os laços de confiança que são essenciais para uma relação saudável entre pacientes e provedores de cuidados de saúde.

Em resumo, garantir a conformidade da tecnologia com a LGPD no contexto das clínicas médicas requer uma abordagem abrangente que aborde aspectos como proteção de dados, consentimento do paciente, transparência, minimização de dados e segurança da informação. Ao adotar medidas adequadas, as clínicas podem proteger os dados pessoais dos pacientes e garantir o cumprimento das regulamentações de privacidade de dados.

CAPÍTULO 7

PROTEGENDO DADOS: A RESPONSABILIDADE DA CLINICA NA UTILIZAÇÃO DE SOFTWARES TERCEIROS

7.1 RESPONSABILIDADE DA CLÍNICA NA UTILIZAÇÃO DE SOFTWARES DE TERCEIROS

Introdução

A responsabilidade da clínica na utilização de softwares de terceiros no contexto da LGPD (Lei Geral de Proteção de Dados) é uma questão de extrema importância e complexidade, exigindo uma abordagem cuidadosa e fundamentada. A LGPD estabelece diretrizes claras para o tratamento de dados pessoais, visando garantir a proteção da privacidade e dos direitos dos indivíduos.

Primeiramente, é crucial reconhecer que a clínica é responsável pela escolha e supervisão dos softwares utilizados em suas operações, incluindo aqueles fornecidos por terceiros. Como tal, a clínica deve realizar uma due diligence rigorosa ao selecionar fornecedores de software, garantindo que estes estejam em conformidade com os requisitos da LGPD e demonstrem um compromisso sólido com a proteção de dados.

Além disso, a clínica deve celebrar contratos claros e abrangentes com os fornecedores de software, estabelecendo claramente as responsabilidades de cada parte no que diz respeito ao tratamento de dados pessoais. Estes contratos devem incluir disposições específicas relacionadas à conformidade com a LGPD, medidas de segurança de dados, responsabilidade por violações de dados e procedimentos para lidar com incidentes de segurança.

A clínica também deve garantir que os softwares de terceiros utilizados sejam configurados e utilizados de forma apropriada, de modo a minimizar o risco de violações de dados. Isso pode envolver a implementação de medidas técnicas, como criptografia de dados, controles de acesso e auditorias regulares de segurança.

É fundamental que a clínica mantenha uma cultura de conformidade com a LGPD, promovendo a conscientização e a formação dos seus funcionários sobre as práticas adequadas de proteção de dados. Os colaboradores devem ser treinados para reconhecer e relatar potenciais violações de dados, garantindo uma resposta rápida e eficaz a qualquer incidente de segurança.

Em suma, a responsabilidade da clínica na utilização de softwares de terceiros no contexto da LGPD requer uma abordagem abrangente que envolve a seleção criteriosa de fornecedores, a celebração de contratos sólidos, a implementação de medidas técnicas e organizacionais adequadas e a promoção de uma cultura de conformidade com a proteção de dados. Ao adotar essas medidas, a clínica pode mitigar os riscos associados ao uso de softwares de terceiros e garantir o cumprimento das disposições da LGPD.

Além das medidas mencionadas anteriormente, a clínica também deve estar preparada para lidar com desafios específicos relacionados à utilização de softwares de terceiros no contexto da LGPD. Isso inclui a necessidade de monitoramento contínuo das práticas de tratamento de dados pelos fornecedores de software, garantindo que quaisquer alterações ou atualizações não comprometam a conformidade com a legislação de proteção de dados.

Além disso, a clínica deve estar atenta aos requisitos de transferência internacional de dados, especialmente se o software de terceiros armazenar ou processar dados pessoais fora do Brasil. Nesses casos, é fundamental garantir que os mecanismos adequados de transferência de dados sejam implementados, como cláusulas contratuais padrão ou certificações de proteção de privacidade.

Outro aspecto importante é a realização de avaliações periódicas de risco em relação aos softwares de terceiros utilizados, identificando possíveis vulnerabilidades e áreas de melhoria no tratamento de dados. Essas avaliações devem ser realizadas de forma sistemática e documentadas adequadamente, contribuindo para a demonstração da conformidade com a LGPD em eventuais auditorias ou investigações.

Por fim, a clínica deve manter uma postura proativa em relação à conformidade com a LGPD, acompanhando de perto as evoluções na legislação e nas melhores práticas de proteção de dados. Isso inclui estar preparado para ajustar as políticas, procedimentos e controles internos conforme necessário, garantindo que a proteção da privacidade dos pacientes permaneça uma prioridade constante.

Em resumo, a responsabilidade da clínica na utilização de softwares de terceiros no contexto da LGPD demanda um esforço contínuo e multifacetado, que envolve desde a seleção cuidadosa de fornecedores até a implementação de controles robustos e a manutenção de uma cultura de conformidade. Ao adotar uma abordagem abrangente e proativa, a clínica pode mitigar os riscos associados ao uso de softwares de terceiros e garantir o respeito aos direitos de privacidade dos seus pacientes.

Além disso, é essencial que a clínica esteja preparada para lidar com possíveis incidentes de segurança de dados envolvendo os softwares de terceiros. Isso inclui a criação e implementação de um plano de resposta a incidentes detalhado, que estabeleça procedimentos claros para detectar, avaliar e remediar violações de dados de forma rápida e eficaz. Esses planos devem ser testados regularmente por meio de simulações de incidentes, garantindo que a equipe esteja preparada para agir de maneira adequada em situações de crise.

Além disso, a clínica deve estar ciente das suas responsabilidades em relação aos titulares dos dados, garantindo transparência e comunicação eficaz em caso de violações de dados que possam afetar sua privacidade. Isso inclui a notificação oportuna aos titulares dos dados afetados, bem como às autoridades competentes, conforme exigido pela LGPD.

Por fim, a clínica deve estar atenta à necessidade de avaliação contínua da conformidade dos softwares de terceiros com os requisitos da LGPD. Isso pode envolver a realização de auditorias regulares de segurança de dados, revisões de políticas e procedimentos, bem como atualizações de contratos e acordos conforme necessário para refletir mudanças na legislação ou nas práticas de proteção de dados.

Em suma, a responsabilidade da clínica na utilização de softwares de terceiros no contexto da LGPD é uma tarefa contínua e multifacetada, que exige uma abordagem proativa e abrangente para garantir a proteção eficaz dos dados pessoais dos pacientes. Ao adotar medidas adequadas de segurança, comunicação e conformidade, a clínica pode minimizar os riscos e demonstrar seu compromisso com a privacidade e a proteção de dados.

Em conclusão, a responsabilidade da clínica na utilização de softwares de terceiros no contexto da LGPD é uma responsabilidade crítica que não pode ser subestimada. Ao adotar uma abordagem cuidadosa e fundamentada, que inclua a seleção criteriosa de fornecedores, a celebração de contratos robustos, a implementação de medidas de segurança adequadas e a manutenção de uma cultura de conformidade, a clínica pode garantir a proteção eficaz dos dados pessoais dos seus pacientes e cumprir com as exigências da legislação de proteção de dados.

Em um ambiente cada vez mais digital e interconectado, o compromisso com a privacidade e a segurança dos dados deve ser uma prioridade constante para todas as organizações de saúde.

7.2. RESPONSABILIDADE DA CLÍNICA NA UTILIZAÇÃO DE SOFTWARES DE TERCEIROS

O relacionamento com prestadores de serviços e terceiros é um aspecto fundamental para o sucesso de qualquer organização moderna. Em um cenário empresarial cada vez mais interconectado e globalizado, as empresas dependem significativamente de uma rede extensa de parceiros externos para atender às demandas do mercado e alcançar seus objetivos estratégicos. Neste contexto, é imperativo reconhecer a importância de estabelecer e manter relacionamentos sólidos e colaborativos com prestadores de serviços e terceiros.

Primeiramente, o relacionamento com prestadores de serviços e terceiros proporciona às organizações acesso a expertise especializada e recursos adicionais, que muitas vezes não estão disponíveis internamente. Por meio de parcerias estratégicas, as empresas podem aproveitar o conhecimento e as habilidades específicas de fornecedores e parceiros externos para aprimorar seus processos, produtos e serviços, ganhando assim uma vantagem competitiva significativa no mercado.

Além disso, o estabelecimento de relacionamentos sólidos com prestadores de serviços e terceiros promove a inovação e a criatividade dentro das organizações. Ao colaborar com parceiros externos, as empresas têm a oportunidade de explorar novas ideias, perspectivas e tecnologias, enriquecendo assim o seu próprio conjunto de habilidades e conhecimentos. Essa troca de ideias e experiências frequentemente resulta em soluções inovadoras e produtos ou serviços diferenciados, que podem impulsionar o crescimento e o sucesso empresarial a longo prazo.

Além disso, o relacionamento eficaz com prestadores de serviços e terceiros contribui para a redução de custos e o aumento da eficiência operacional. Ao terceirizar certas funções ou processos para especialistas externos, as organizações podem reduzir os custos fixos associados à manutenção de uma equipe interna, além de se beneficiarem da economia de escala e da otimização de recursos oferecidas por fornecedores especializados.

Por fim, é importante destacar que o relacionamento com prestadores de serviços e terceiros desempenha um papel crucial na gestão de riscos e na garantia da conformidade regulatória. Ao escolher parceiros externos cuidadosamente e estabelecer contratos sólidos, as empresas podem mitigar os riscos associados à terceirização de atividades críticas, garantindo ao mesmo tempo o cumprimento de normas e regulamentos específicos do setor.

Em suma, o relacionamento com prestadores de serviços e terceiros é essencial para as organizações modernas que buscam alcançar o sucesso em um ambiente de negócios cada vez mais dinâmico e competitivo. Ao investir na construção de parcerias sólidas e colaborativas com fornecedores e parceiros externos, as empresas podem fortalecer sua posição no mercado, impulsionar a inovação, reduzir custos e mitigar riscos, preparando-se assim para enfrentar os desafios e aproveitar as oportunidades do mundo empresarial contemporâneo.

Adicionalmente, o relacionamento próximo com prestadores de serviços e terceiros também pode promover uma cultura de responsabilidade corporativa e sustentabilidade. Ao selecionar parceiros que compartilham os mesmos valores éticos e ambientais, as organizações podem garantir que suas operações e cadeias de suprimentos estejam alinhadas com práticas comerciais socialmente responsáveis. Isso não apenas fortalece a reputação da empresa perante os clientes e a sociedade, mas também contribui para a preservação do meio ambiente e o bem-estar das comunidades onde atuam.

Outro aspecto relevante é a flexibilidade e agilidade que o relacionamento com prestadores de serviços e terceiros pode proporcionar às organizações. Em um ambiente de negócios em constante evolução, a capacidade de adaptar-se rapidamente às mudanças do mercado é essencial para o sucesso empresarial.

Ao contar com uma rede diversificada de fornecedores e parceiros externos, as empresas podem responder de forma mais ágil e eficaz às flutuações na demanda, às mudanças nas condições econômicas e aos avanços tecnológicos, mantendo assim sua competitividade e relevância no mercado.

Em suma, o relacionamento com prestadores de serviços e terceiros não é apenas uma prática empresarial conveniente, mas sim uma estratégia fundamental para o crescimento e a sustentabilidade das organizações modernas. Ao cultivar parcerias sólidas e colaborativas com fornecedores e parceiros externos, as empresas podem obter uma série de benefícios, desde acesso a expertise especializada e inovação até redução de custos, gestão de riscos e promoção da responsabilidade corporativa. Portanto, investir na construção e manutenção desses relacionamentos estratégicos deve ser uma prioridade para todas as organizações que buscam prosperar em um ambiente empresarial cada vez mais complexo e competitivo.

Adicionalmente, o relacionamento próximo com prestadores de serviços e terceiros também pode promover uma cultura de responsabilidade corporativa e sustentabilidade. Ao selecionar parceiros que compartilham os mesmos valores éticos e ambientais, as organizações podem garantir que suas operações e cadeias de suprimentos estejam alinhadas com práticas comerciais socialmente responsáveis. Isso não apenas fortalece a reputação da empresa perante os clientes e a sociedade, mas também contribui para a preservação do meio ambiente e o bem-estar das comunidades onde atuam.

Outro aspecto relevante é a flexibilidade e agilidade que o relacionamento com prestadores de serviços e terceiros pode proporcionar às organizações. Em um ambiente de negócios em constante evolução, a capacidade de adaptar-se rapidamente às mudanças do mercado é essencial para o sucesso empresarial. Ao contar com uma rede diversificada de fornecedores e parceiros externos, as empresas podem responder de forma mais ágil e eficaz às flutuações na demanda, às mudanças nas condições econômicas e aos avanços tecnológicos, mantendo assim sua competitividade e relevância no mercado.

Em suma, o relacionamento com prestadores de serviços e terceiros não é apenas uma prática empresarial conveniente, mas sim uma estratégia fundamental para o crescimento e a sustentabilidade das organizações modernas. Ao cultivar parcerias sólidas e colaborativas com fornecedores e parceiros externos, as empresas podem obter uma série de benefícios, desde acesso a expertise especializada e inovação até redução de custos, gestão de riscos e promoção da responsabilidade corporativa.

Portanto, investir na construção e manutenção desses relacionamentos estratégicos deve ser uma prioridade para todas as organizações que buscam prosperar em um ambiente empresarial cada vez mais complexo e competitivo.

Ademais, é crucial reconhecer que o relacionamento com prestadores de serviços e terceiros pode ser um componente essencial da estratégia de gestão de crises de uma organização. Em situações de emergência ou imprevistos, como desastres naturais, pandemias ou interrupções na cadeia de suprimentos, as parcerias estabelecidas com fornecedores confiáveis e parceiros externos podem ser fundamentais para a continuidade dos negócios. Ao contar com a colaboração e o suporte de uma rede sólida de prestadores de serviços e terceiros, as organizações podem responder de maneira mais eficaz e resiliente a crises, minimizando o impacto negativo em suas operações e mantendo a confiança dos clientes e stakeholders.

Além disso, o relacionamento com prestadores de serviços e terceiros pode desempenhar um papel importante na promoção da diversidade e inclusão nas práticas comerciais de uma organização. Ao buscar parceiros e fornecedores que valorizam e promovem a diversidade em suas operações e cadeias de suprimentos, as empresas podem contribuir para a criação de uma economia mais equitativa e inclusiva. Essa abordagem não apenas fortalece a reputação da empresa como uma defensora dos direitos humanos e da justiça social, mas também pode levar a benefícios econômicos tangíveis, como acesso a novos mercados e clientes.

O relacionamento com prestadores de serviços e terceiros é um aspecto multifacetado e estratégico da gestão empresarial moderna. Ao reconhecer a importância de cultivar parcerias sólidas e colaborativas com fornecedores e parceiros externos, as organizações podem obter uma vantagem competitiva significativa, promover a inovação, reduzir custos, mitigar riscos, fortalecer sua reputação e contribuir para um mundo mais sustentável e inclusivo. Como tal, o investimento contínuo na construção e manutenção desses relacionamentos deve ser considerado uma prioridade para todas as empresas que buscam prosperar em um ambiente de negócios cada vez mais complexo e interconectado.

Além disso, o relacionamento eficaz com prestadores de serviços e terceiros pode ser um diferencial crucial na construção de uma cultura organizacional forte e positiva. Ao estabelecer parcerias baseadas na confiança, transparência e comunicação aberta, as organizações podem promover um ambiente de trabalho colaborativo e motivador para seus colaboradores. A cooperação com fornecedores e parceiros externos alinhados com os valores e objetivos da empresa pode inspirar os funcionários, aumentar o engajamento e promover um senso de pertencimento e propósito dentro da organização.

Além disso, o relacionamento com prestadores de serviços e terceiros pode ser um facilitador para a aprendizagem organizacional e o desenvolvimento de talentos. Ao trabalhar em conjunto com fornecedores e parceiros externos, as empresas têm a oportunidade de trocar conhecimentos, melhores práticas e experiências, enriquecendo assim o aprendizado coletivo e promovendo o desenvolvimento profissional de seus colaboradores. Essa colaboração interorganizacional pode estimular a criatividade, a inovação e a resolução de problemas, contribuindo para o crescimento e a evolução contínua da organização.

Portanto, o relacionamento com prestadores de serviços e terceiros vai além dos aspectos puramente comerciais e operacionais; ele pode ter um impacto significativo na cultura, no ambiente de trabalho e no desenvolvimento humano dentro de uma organização. Ao reconhecer e valorizar a importância dessas parcerias estratégicas, as empresas podem fortalecer sua posição no mercado, promover o bem-estar dos colaboradores e criar uma base sólida para o crescimento e o sucesso sustentável a longo prazo.

Em suma, o relacionamento com prestadores de serviços e terceiros é um pilar fundamental para o sucesso e a sustentabilidade das organizações modernas. Ao cultivar parcerias sólidas e colaborativas com fornecedores e parceiros externos, as empresas podem obter uma série de benefícios tangíveis e intangíveis, desde acesso a expertise especializada até promoção da inovação, fortalecimento da cultura organizacional e desenvolvimento de talentos. Portanto, investir na construção e manutenção desses relacionamentos estratégicos deve ser uma prioridade para todas as empresas que buscam prosperar em um ambiente de negócios cada vez mais complexo e competitivo.

Ao fazê-lo, as organizações estarão melhor posicionadas para enfrentar os desafios do mercado, explorar novas oportunidades e alcançar o sucesso a longo prazo.

Além disso, é essencial destacar que o relacionamento com prestadores de serviços e terceiros pode contribuir para a construção de uma reputação sólida e confiável no mercado. Parceiros externos bem escolhidos e colaborações bem-sucedidas podem refletir positivamente na percepção dos clientes, investidores e outras partes interessadas em relação à empresa. Essa reputação positiva pode abrir portas para novas oportunidades de negócios, atrair talentos qualificados e fortalecer o posicionamento da organização como um líder em seu setor.

Outro aspecto a ser considerado é a importância do relacionamento com prestadores de serviços e terceiros na gestão da cadeia de suprimentos. Uma cadeia de suprimentos eficiente e resiliente é essencial para garantir a disponibilidade e a qualidade dos produtos ou serviços oferecidos pela empresa. Ao colaborar de forma estreita com fornecedores e parceiros externos, as organizações podem melhorar a visibilidade e o controle sobre sua cadeia de suprimentos, identificar oportunidades de otimização e reduzir o risco de interrupções ou falhas.

Além disso, o relacionamento com prestadores de serviços e terceiros pode ser um fator determinante na capacidade de inovação de uma organização. Ao se conectar com parceiros externos que possuem conhecimentos e experiências complementares, as empresas podem explorar novas ideias, tecnologias e modelos de negócios que podem impulsionar a inovação e a diferenciação no mercado.

Essa colaboração aberta e dinâmica pode ser a chave para o desenvolvimento de soluções disruptivas que atendam às necessidades emergentes dos clientes e superem as expectativas do mercado.

Por fim, é importante ressaltar que o relacionamento com prestadores de serviços e terceiros requer um compromisso contínuo com a comunicação transparente, o respeito mútuo e o alinhamento de interesses. Manter canais abertos de comunicação e resolver conflitos de forma construtiva são aspectos essenciais para garantir o sucesso das parcerias a longo prazo. Ao cultivar uma cultura de colaboração e confiança, as organizações podem maximizar o valor gerado por seus relacionamentos com prestadores de serviços e terceiros, garantindo assim sua posição competitiva e seu crescimento sustentável no mercado.

7.3. CONTRATOS E ACORDOS COM FORNECEDORES DE SERVIÇOS: IMPORTÂNCIA E FUNDAMENTOS

Os contratos e acordos estabelecidos com fornecedores de serviços desempenham um papel crucial na operação e no sucesso de qualquer empresa. Ao adotar uma abordagem argumentativa e fundamentada, podemos destacar diversos pontos que ressaltam a importância desses documentos.

1. Legalidade e Proteção: Os contratos são ferramentas legais que estabelecem os direitos e deveres tanto do fornecedor quanto do cliente. Ao definir claramente os termos e condições do serviço, protege-se ambas as partes de mal-entendidos e litígios futuros.

2. Clareza e Transparência: Um contrato bem redigido deve ser claro e transparente em relação aos serviços prestados, prazos, custos e responsabilidades. Isso proporciona confiança mútua e evita interpretações divergentes que possam levar a conflitos.

3. Garantia de Qualidade: Ao estabelecer padrões de qualidade e desempenho no contrato, os fornecedores são incentivados a manter altos níveis de excelência em seus serviços. Isso assegura que o cliente receba o valor esperado pelo investimento realizado.

4. Flexibilidade e Adaptação: Embora os contratos sejam documentos formais, eles também podem ser flexíveis o suficiente para permitir ajustes e adaptações conforme as necessidades do cliente ou mudanças nas circunstâncias do mercado. Essa flexibilidade é essencial para a sustentabilidade das relações comerciais a longo prazo.

5. Gestão de Riscos: Contratos bem elaborados incluem disposições para lidar com possíveis cenários de risco, como atrasos, falhas no serviço ou rescisões. Isso ajuda a mitigar potenciais impactos negativos e a manter a continuidade das operações.

6. Inovação e Colaboração: Além de estabelecer obrigações contratuais, os acordos com fornecedores também podem ser uma oportunidade para promover a inovação e a colaboração. Cláusulas que incentivam o compartilhamento de ideias e o desenvolvimento conjunto de soluções podem impulsionar a competitividade e o crescimento mútuo.

7. Conformidade Regulatória: Em setores regulamentados, os contratos podem ser essenciais para garantir que tanto o fornecedor quanto o cliente estejam em conformidade com as leis e regulamentos aplicáveis. Isso ajuda a evitar penalidades e danos à reputação da empresa.

8. Conformidade com a LGPD (Lei Geral de Proteção de Dados): Especialmente relevante para clínicas e instituições de saúde, os contratos e acordos com fornecedores de serviços devem incluir disposições específicas para garantir a conformidade com a LGPD. Esta lei estabelece regras rigorosas para o tratamento e proteção dos dados pessoais dos pacientes, exigindo que as clínicas adotem medidas técnicas e organizacionais adequadas para proteger essas informações. Os contratos devem incluir cláusulas que estabeleçam responsabilidades claras em relação ao tratamento de dados pessoais, garantindo que os fornecedores de serviços ajam de acordo com as diretrizes estabelecidas pela LGPD.

Além disso, é essencial incluir disposições sobre notificação de incidentes de segurança de dados e sobre ações a serem tomadas em caso de violações de dados, garantindo que as clínicas e seus fornecedores cumpram com as obrigações legais e protejam a privacidade e segurança dos pacientes. Assim, os contratos e acordos com fornecedores de serviços não apenas garantem a qualidade e eficiência dos serviços prestados, mas também garantem a conformidade com as leis e regulamentos aplicáveis, como a LGPD, fortalecendo a confiança dos pacientes e a reputação da clínica no mercado.

Os contratos devem estipular claramente como os dados dos pacientes serão utilizados pelo fornecedor de serviços, especificando os propósitos autorizados para o processamento dessas informações e garantindo que não sejam utilizados para outros fins sem consentimento prévio. Isso inclui a definição de medidas de segurança adequadas para proteger os dados pessoais contra acesso não autorizado, vazamentos ou perdas, conforme exigido pela LGPD.

É fundamental que as clínicas realizem uma due diligence rigorosa ao selecionar fornecedores de serviços, garantindo que estes estejam comprometidos com a proteção de dados e possuam políticas e práticas adequadas de segurança da informação. Os contratos devem refletir essas considerações, estabelecendo requisitos claros de conformidade com a LGPD e estipulando a responsabilidade do fornecedor em caso de descumprimento das disposições contratuais ou da legislação vigente.

A inclusão de cláusulas específicas sobre conformidade com a LGPD nos contratos e acordos com fornecedores de serviços para clínicas é essencial para garantir a proteção dos dados dos pacientes, promover a transparência e responsabilidade no tratamento dessas informações, e evitar potenciais sanções e danos à reputação da clínica decorrentes de violações da legislação de proteção de dados.

Adicionalmente, os contratos devem abordar questões relacionadas à transferência internacional de dados, quando aplicável. Caso os serviços contratados envolvam o acesso ou processamento de dados pessoais fora do território nacional, é necessário garantir que o fornecedor esteja em conformidade com as regras de transferência de dados da LGPD, o que pode incluir a celebração de cláusulas contratuais específicas de proteção de dados ou a garantia de que o país de destino oferece um nível adequado de proteção de dados.

Além disso, os contratos devem estipular os procedimentos para o encerramento do contrato e a devolução ou exclusão dos dados pessoais dos pacientes que estejam sob posse do fornecedor de serviços. Isso é fundamental para garantir que os dados sejam tratados de maneira segura e responsável mesmo após o término da relação contratual, conforme exigido pela LGPD.

Portanto, ao estabelecer contratos e acordos com fornecedores de serviços para clínicas, é crucial considerar todas as exigências da LGPD e garantir que as disposições contratuais estejam alinhadas com os princípios de proteção de dados, promovendo assim a conformidade legal e a segurança das informações dos pacientes.

Por fim, é importante ressaltar que a LGPD não apenas estabelece obrigações para as clínicas e fornecedores de serviços, mas também confere direitos aos pacientes em relação ao tratamento de seus dados pessoais. Os contratos devem refletir esses direitos, garantindo que os pacientes possam exercer seus direitos de acesso, retificação, exclusão e portabilidade de seus dados, conforme previsto na legislação.

Os contratos devem prever a realização de avaliações periódicas de conformidade com a LGPD, de forma a garantir que as práticas de proteção de dados estejam sempre atualizadas e adequadas às exigências legais em constante evolução. Isso inclui a realização de auditorias de segurança da informação e a implementação de medidas corretivas sempre que necessário.

Ao seguir esses princípios e incluir cláusulas específicas nos contratos, as clínicas podem não apenas garantir a qualidade e eficiência dos serviços prestados, mas também proteger a privacidade e segurança dos dados dos pacientes, fortalecendo a confiança e a reputação da clínica no mercado.

Em síntese, os contratos e acordos com fornecedores de serviços para clínicas representam os alicerces de uma parceria duradoura e bem-sucedida, fundamentada na transparência, na conformidade legal e no respeito aos direitos dos pacientes.

Ao estabelecer cláusulas que refletem as exigências da LGPD e promovem a proteção dos dados pessoais, as clínicas demonstram seu compromisso com a segurança e privacidade dos pacientes, ao mesmo tempo em que mitigam os riscos associados ao tratamento inadequado de informações sensíveis.

Além disso, ao integrar avaliações periódicas de conformidade e medidas de segurança robustas nos contratos, as clínicas demonstram sua dedicação à melhoria contínua e à adaptação às demandas em constante evolução do cenário regulatório e tecnológico. Isso não apenas fortalece a posição da clínica como líder em seu setor, mas também contribui para o fortalecimento da confiança dos pacientes, que reconhecem e valorizam o compromisso da instituição com a proteção de seus dados pessoais e a qualidade dos serviços oferecidos.

Portanto, os contratos e acordos com fornecedores de serviços para clínicas não são apenas documentos formais, mas sim instrumentos estratégicos que refletem os valores e o compromisso ético da instituição com seus pacientes, sua equipe e a comunidade em geral. Ao priorizar a conformidade legal, a transparência e a excelência no tratamento de dados, as clínicas estabelecem bases sólidas para o crescimento sustentável, a inovação e a prestação de cuidados de saúde de alta qualidade no ambiente cada vez mais complexo e exigente do setor médico.

Ao priorizar a conformidade com a LGPD e a transparência no tratamento de dados, as clínicas também se protegem contra possíveis consequências negativas, como multas e danos à reputação. Em um cenário em que a proteção de dados e a privacidade dos pacientes estão cada vez mais em foco, demonstrar comprometimento com práticas éticas e legais é essencial para manter a confiança do público e preservar a imagem da clínica no mercado.

Ademais, os contratos com fornecedores de serviços não devem ser vistos como meros documentos burocráticos, mas sim como instrumentos estratégicos que podem impulsionar a excelência operacional e a diferenciação competitiva. Ao estabelecer parcerias sólidas e transparentes, as clínicas podem não apenas garantir a conformidade legal, mas também promover a inovação, a eficiência e a qualidade dos serviços oferecidos aos pacientes.

Portanto, ao investir tempo e recursos na elaboração e revisão de contratos e acordos com fornecedores de serviços, as clínicas estão investindo no seu próprio sucesso a longo prazo. Ao fazer isso, elas não apenas cumprem com suas obrigações legais, mas também demonstram um compromisso genuíno com a proteção dos pacientes, a excelência nos cuidados de saúde e a integridade nos negócios. Esses valores fundamentais não apenas fortalecem a posição da clínica no mercado, mas também contribuem para a construção de um setor de saúde mais ético, confiável e centrado no paciente.

Em resumo, contratos e acordos com fornecedores de serviços são fundamentais para estabelecer relações comerciais sólidas, transparentes e mutuamente benéficas. Ao garantir a legalidade, clareza, qualidade, flexibilidade, gestão de riscos, inovação e conformidade regulatória, esses documentos contribuem significativamente para o sucesso e a sustentabilidade das operações empresariais.

Os contratos e acordos com fornecedores de serviços para clínicas devem ser elaborados com diligência e cuidado, levando em consideração todas as exigências da LGPD e garantindo a proteção dos dados pessoais dos pacientes. Ao estabelecer uma parceria baseada na conformidade legal e na transparência no tratamento de dados, as clínicas podem fortalecer a confiança de seus pacientes e assegurar sua posição de liderança no mercado.

Em conclusão, os contratos e acordos com fornecedores de serviços para clínicas são fundamentais para estabelecer relações comerciais sólidas, transparentes e em conformidade com a LGPD. Ao adotar uma abordagem argumentativa e fundamentada, identificamos diversos pontos cruciais a serem considerados:

- **Legalidade e Proteção:** Os contratos garantem direitos e deveres claros, protegendo ambas as partes de litígios futuros.

- **Conformidade com a LGPD:** Disposições específicas devem ser incluídas para garantir o tratamento adequado dos dados pessoais dos pacientes.

- **Transparência e Segurança:** Os contratos devem estipular claramente o uso dos dados e garantir medidas de segurança para protegê-los.

- **Direitos dos Pacientes:** Os contratos devem garantir que os pacientes possam exercer seus direitos em relação aos seus dados pessoais.

- **Avaliações Periódicas:** É importante realizar avaliações regulares de conformidade para garantir a adequação contínua às exigências legais.

7.4. RESPONSABILIDADES COMPARTILHADAS NA PROTEÇÃO DE DADOS: UM IMPERATIVO ATUAL

A proteção de dados tornou-se uma preocupação central em um mundo cada vez mais digitalizado. Nesse contexto, as responsabilidades compartilhadas desempenham um papel crucial na salvaguarda da privacidade e da segurança das informações pessoais. Argumentativamente, pode-se afirmar que essa abordagem é fundamental por várias razões.

Primeiramente, a complexidade das operações digitais modernas torna impraticável a atribuição exclusiva da responsabilidade pela proteção de dados a uma única entidade. Com o fluxo constante de dados entre diferentes partes, desde indivíduos até empresas e governos, é evidente que todos os atores envolvidos devem desempenhar um papel ativo na proteção dessas informações.

Além disso, a diversidade de ameaças cibernéticas exige uma abordagem colaborativa. A natureza dinâmica e sofisticada das atividades maliciosas requer uma vigilância contínua e uma resposta rápida por parte de todos os envolvidos no ecossistema digital. Isso inclui a implementação de medidas de segurança robustas, a atualização regular de sistemas e a prontidão para enfrentar novos desafios emergentes.

Outro ponto a ser considerado é o princípio da transparência e da confiança. Os indivíduos confiam às organizações e instituições uma quantidade significativa de informações pessoais, com a expectativa de que esses dados sejam tratados com responsabilidade e respeito. A adoção de uma abordagem compartilhada para a proteção de dados não apenas fortalece a confiança entre as partes envolvidas, mas também promove uma cultura de transparência e prestação de contas.

Além disso, do ponto de vista regulatório, muitas jurisdições estão avançando na elaboração de leis e regulamentos que exigem a cooperação entre diferentes partes interessadas na proteção de dados.

Isso reflete o reconhecimento crescente da necessidade de uma abordagem holística e colaborativa para lidar com os desafios de privacidade e segurança que surgem na era digital.

Em resumo, as responsabilidades compartilhadas na proteção de dados não são apenas desejáveis, mas também essenciais para enfrentar os desafios complexos e em constante evolução do mundo digital. Ao adotar uma abordagem colaborativa, todas as partes interessadas podem desempenhar um papel ativo na promoção da privacidade e da segurança dos dados, garantindo assim um ambiente digital mais seguro e confiável para todos os envolvidos.

No contexto específico das clínicas médicas, a Lei Geral de Proteção de Dados (LGPD) desempenha um papel fundamental na definição das responsabilidades compartilhadas na proteção de dados. A LGPD estabelece diretrizes claras para o tratamento de informações pessoais, incluindo aquelas relacionadas à saúde dos pacientes. Destacar a LGPD para clínicas médicas é crucial por várias razões.

Primeiramente, as clínicas médicas lidam diariamente com uma quantidade significativa de informações sensíveis dos pacientes, incluindo históricos médicos, resultados de exames, diagnósticos e outros dados pessoais relacionados à saúde. Sob a LGPD, as clínicas são obrigadas a adotar medidas de segurança adequadas para proteger essas informações contra acessos não autorizados, vazamentos ou outros incidentes de segurança.

Além disso, a LGPD impõe obrigações específicas às clínicas médicas em relação ao consentimento dos pacientes para o tratamento de seus dados pessoais. Isso inclui a obtenção de consentimento explícito para o uso e compartilhamento de informações médicas, garantindo assim que os pacientes tenham controle sobre seus próprios dados.

Outro aspecto importante da LGPD para clínicas médicas é a necessidade de implementar práticas de governança de dados adequadas. Isso envolve a designação de um encarregado de proteção de dados (DPO), a realização de avaliações de impacto à privacidade, a manutenção de registros de atividades de tratamento de dados e a adoção de políticas e procedimentos internos para garantir a conformidade com a lei.

Além disso, a LGPD estabelece diretrizes claras para o compartilhamento de dados entre clínicas médicas e outras entidades, como laboratórios, hospitais e operadoras de planos de saúde. Isso inclui a exigência de celebrar contratos de compartilhamento de dados que estabeleçam as responsabilidades de cada parte envolvida e garantam a segurança e a privacidade das informações compartilhadas.

Em suma, destacar a LGPD para clínicas médicas é essencial para garantir que essas instituições estejam em conformidade com as regulamentações de proteção de dados e que adotem práticas adequadas para proteger a privacidade e a segurança das informações dos pacientes. Ao seguir as diretrizes da LGPD, as clínicas médicas podem não apenas evitar penalidades legais, mas também fortalecer a confiança dos pacientes e promover um ambiente de saúde mais seguro e ético.

Além disso, é importante ressaltar que o não cumprimento das disposições da LGPD pode acarretar em consequências severas para as clínicas médicas, incluindo multas significativas e danos à reputação. Como as clínicas têm acesso a informações altamente sensíveis e confidenciais dos pacientes, a violação da privacidade desses dados pode resultar em sérias repercussões legais e éticas.

Ao destacar a LGPD para clínicas médicas, também é crucial enfatizar a importância da conscientização e treinamento adequado dos profissionais de saúde. Todos os funcionários das clínicas, desde médicos e enfermeiros até recepcionistas e administradores, devem estar cientes das obrigações da LGPD e das melhores práticas para proteger os dados dos pacientes.

As clínicas médicas devem investir em tecnologias e sistemas de segurança da informação adequados para garantir a proteção eficaz dos dados dos pacientes. Isso pode incluir a criptografia de dados, o uso de firewalls e sistemas de detecção de intrusos, além de medidas de controle de acesso para limitar o acesso apenas a funcionários autorizados.

Por fim, destacar a LGPD para clínicas médicas também pode servir como uma oportunidade para promover uma cultura de privacidade e segurança da informação dentro dessas instituições. Ao demonstrar um compromisso sério com a proteção dos dados dos pacientes, as clínicas podem construir uma reputação de confiança e responsabilidade, o que é essencial para o sucesso a longo prazo no setor de saúde.

A LGPD desempenha um papel crucial na definição das responsabilidades compartilhadas na proteção de dados em clínicas médicas. Ao destacar a importância da conformidade com a LGPD, as clínicas podem garantir a segurança e a privacidade das informações dos pacientes, ao mesmo tempo em que cumprem com as exigências legais e éticas do tratamento de dados pessoais no contexto da saúde.

Além disso, a LGPD representa uma oportunidade para as clínicas médicas fortalecerem o relacionamento com seus pacientes. Ao demonstrar um compromisso firme com a proteção dos dados pessoais dos pacientes, as clínicas podem construir uma relação de confiança e respeito mútuo. Isso pode resultar em uma maior fidelidade dos pacientes, bem como na atração de novos pacientes que valorizam a privacidade e a segurança de seus dados.

Outro aspecto a ser considerado é o impacto positivo que a conformidade com a LGPD pode ter no desenvolvimento de pesquisas médicas e no avanço da ciência. Ao garantir a proteção dos dados dos pacientes, as clínicas podem contribuir para um ambiente propício à pesquisa médica, permitindo o compartilhamento seguro de informações entre instituições e colaboradores, dentro dos limites estabelecidos pela legislação de proteção de dados.

É importante destacar que a LGPD não é apenas uma obrigação legal, mas também uma oportunidade para as clínicas médicas se destacarem como líderes em privacidade e segurança da informação no setor de saúde. Ao adotar uma abordagem proativa para a conformidade com a LGPD, as clínicas podem se posicionar como parceiras confiáveis e responsáveis na proteção dos dados dos pacientes, promovendo assim a integridade e a excelência no cuidado de saúde.

Em suma, a LGPD representa um marco importante na definição das responsabilidades compartilhadas na proteção de dados em clínicas médicas. Ao cumprir com as disposições da LGPD, as clínicas podem garantir a segurança e a privacidade das informações dos pacientes, fortalecer o relacionamento com os pacientes, contribuir para o avanço da pesquisa médica e estabelecer-se como líderes em privacidade e segurança da informação no setor de saúde.

Além de continuar enfatizando a importância da conformidade com a LGPD, é essencial que as clínicas médicas desenvolvam políticas e procedimentos específicos para garantir a implementação eficaz das medidas de proteção de dados. Isso inclui a nomeação de um encarregado de proteção de dados (DPO) responsável por supervisionar a conformidade com a LGPD e atuar como ponto de contato para questões relacionadas à proteção de dados.

As clínicas também devem investir na capacitação e conscientização de seus funcionários, garantindo que todos compreendam suas responsabilidades individuais no tratamento e proteção dos dados dos pacientes. Treinamentos regulares podem ajudar a manter todos os funcionários atualizados sobre as melhores práticas de segurança da informação e garantir que a cultura de privacidade seja incorporada em todas as operações da clínica.

As clínicas médicas devem realizar avaliações periódicas de risco e impacto à privacidade, identificando potenciais vulnerabilidades e implementando medidas de mitigação apropriadas. Isso pode envolver a realização de auditorias de segurança da informação, revisões de políticas e procedimentos internos e a atualização contínua dos sistemas e tecnologias utilizadas para armazenar e processar dados dos pacientes.

É importante que as clínicas estabeleçam canais de comunicação claros e acessíveis para que os pacientes possam exercer seus direitos de privacidade de acordo com a LGPD. Isso inclui o direito de acessar, corrigir, excluir ou transferir seus dados pessoais, bem como o direito de revogar o consentimento para o tratamento de seus dados.

A conformidade com a LGPD requer um esforço contínuo e coordenado por parte das clínicas médicas, envolvendo políticas e procedimentos claros, treinamento de funcionários, avaliações de risco e comunicação transparente com os pacientes. Ao adotar uma abordagem abrangente para a proteção de dados, as clínicas podem garantir a conformidade com a legislação, proteger a privacidade dos pacientes e fortalecer sua reputação como prestadores de serviços de saúde confiáveis e responsáveis.

Em conclusão, as clínicas médicas enfrentam desafios significativos na proteção dos dados pessoais de seus pacientes, especialmente à luz da Lei Geral de Proteção de Dados (LGPD). Destacar a importância da conformidade com a LGPD é crucial para garantir a segurança e a privacidade das informações dos pacientes, bem como para fortalecer a confiança e o relacionamento com os mesmos. Para isso, é essencial adotar uma abordagem abrangente, incluindo políticas claras, treinamento de funcionários, avaliações de risco e comunicação transparente com os pacientes.

Ao seguir esses princípios e implementar medidas robustas de proteção de dados, as clínicas médicas podem não apenas cumprir com as exigências legais da LGPD, mas também promover uma cultura de privacidade e segurança da informação dentro de suas instituições. Isso não só beneficia os pacientes ao proteger seus dados pessoais, mas também fortalece a reputação das clínicas como líderes responsáveis e confiáveis no setor de saúde. Em última análise, ao priorizar a conformidade com a LGPD e a proteção dos dados dos pacientes, as clínicas médicas estão investindo no bem-estar de seus pacientes e no sucesso sustentável de suas práticas médicas.

Além disso, ao estarem em conformidade com a LGPD e garantirem a proteção dos dados dos pacientes, as clínicas médicas também estão contribuindo para a construção de uma sociedade mais ética e responsável no que diz respeito ao tratamento de informações pessoais. Ao adotar práticas transparentes e responsáveis de proteção de dados, as clínicas não apenas cumprem com suas obrigações legais, mas também demonstram um compromisso ético com a privacidade e a segurança dos indivíduos.

É importante ressaltar que a conformidade com a LGPD não é apenas uma questão de evitar multas e penalidades, mas também uma oportunidade para as clínicas médicas se destacarem como líderes em proteção de dados e segurança da informação. Ao investir em medidas de segurança da informação e promover uma cultura de privacidade, as clínicas podem construir uma reputação sólida de confiança e responsabilidade, o que pode resultar em benefícios tangíveis, como o aumento da satisfação do paciente e a atração de novos clientes.

Portanto, ao destacar a importância da conformidade com a LGPD, as clínicas médicas estão não apenas protegendo os direitos e a privacidade de seus pacientes, mas também fortalecendo sua própria posição no mercado e contribuindo para o avanço de padrões éticos e responsáveis no setor de saúde.

Em última análise, a conformidade com a LGPD é mais do que uma obrigação legal; é uma oportunidade para as clínicas médicas demonstrarem seu compromisso com a ética, a privacidade e a segurança dos dados dos pacientes. Ao adotar uma abordagem proativa e abrangente para a proteção de dados, as clínicas não apenas cumprem com as regulamentações, mas também promovem uma cultura de confiança e transparência que beneficia tanto os pacientes quanto a própria instituição.

Portanto, é essencial que as clínicas médicas estejam totalmente engajadas na implementação e manutenção de medidas de proteção de dados em conformidade com a LGPD. Isso não só garantirá o cumprimento das obrigações legais, mas também fortalecerá a confiança dos pacientes, promoverá a reputação da clínica e contribuirá para a construção de um ambiente de saúde digital seguro e ético.

Ao abraçar as responsabilidades compartilhadas na proteção de dados e destacar a importância da conformidade com a LGPD, as clínicas médicas estão investindo no bem-estar de seus pacientes, na sustentabilidade de suas práticas e no avanço da ética e da integridade no setor de saúde.

Consequentemente, ao adotar uma postura proativa em relação à conformidade com a LGPD, as clínicas médicas estão se posicionando não apenas como prestadoras de serviços de saúde, mas como guardiãs da privacidade e segurança dos dados dos pacientes.

Este compromisso não apenas reforça a confiança dos pacientes, mas também fortalece a reputação da clínica no mercado e estabelece um padrão de excelência ética e responsável no setor de saúde.

Em última análise, a proteção de dados é uma responsabilidade compartilhada que exige a colaboração de todas as partes envolvidas. Ao destacar a importância da conformidade com a LGPD, as clínicas médicas estão contribuindo para um ambiente digital mais seguro, transparente e ético, que beneficia a todos os envolvidos. Portanto, ao priorizar a proteção dos dados dos pacientes e adotar as melhores práticas em conformidade com a LGPD, as clínicas médicas estão garantindo não apenas sua própria conformidade legal, mas também o bem-estar e a confiança de seus pacientes.

7.5. PROCEDIMENTOS DE COMPARTILHAMENTO DE INFORMAÇÕES COM OUTRAS ENTIDADES

Quando se trata de compartilhar informações com outras entidades, é fundamental seguir procedimentos robustos para garantir a segurança e a integridade dos dados envolvidos. Primeiramente, é essencial avaliar a necessidade e a legitimidade do compartilhamento de informações, considerando se a divulgação é legalmente exigida, necessária para cumprir obrigações contratuais ou se é do interesse público. Em seguida, deve-se garantir que a entidade receptora das informações seja confiável e esteja sujeita a medidas de segurança adequadas para proteger os dados compartilhados.

Um dos passos cruciais é a obtenção de consentimento explícito, quando necessário, para compartilhar informações sensíveis ou pessoais. Além disso, é importante realizar uma avaliação de riscos para identificar possíveis vulnerabilidades e implementar medidas de mitigação adequadas. Isso pode incluir a anonimização ou a pseudonimização dos dados, quando aplicável, para proteger a privacidade dos indivíduos envolvidos.

É imperativo também estabelecer acordos formais de compartilhamento de informações por meio de contratos ou protocolos de cooperação, delineando claramente as responsabilidades de cada parte, os fins para os quais os dados serão utilizados e os procedimentos de segurança a serem seguidos. Além disso, é essencial definir claramente os critérios de retenção e destruição dos dados compartilhados, garantindo a conformidade com regulamentações de proteção de dados e privacidade.

Durante todo o processo de compartilhamento de informações, é fundamental manter registros detalhados das transações, incluindo datas, propósitos e entidades envolvidas, para fins de prestação de contas e auditoria. Além disso, é essencial garantir a transparência e a comunicação clara com todas as partes interessadas envolvidas no processo de compartilhamento de informações.

Procedimentos eficazes em caso de compartilhamento de informações com outras entidades devem incluir avaliação da necessidade e legitimidade, obtenção de consentimento, avaliação de riscos, estabelecimento de acordos formais, garantia de conformidade regulatória e transparência. Ao seguir essas práticas, é possível promover a confiança e a segurança no compartilhamento de informações, protegendo os direitos e privacidade dos indivíduos envolvidos.

É essencial garantir que os funcionários envolvidos no processo de compartilhamento de informações sejam devidamente treinados e conscientizados sobre as políticas e procedimentos de segurança de dados. Isso inclui a educação sobre a importância da proteção da privacidade e a conformidade com regulamentações específicas, como o Regulamento Geral de Proteção de Dados (GDPR) na União Europeia ou leis de privacidade de dados em outras jurisdições.

Outro aspecto crucial é a implementação de medidas técnicas de segurança, como criptografia de dados, controles de acesso e monitoramento de atividades, para garantir a confidencialidade, integridade e disponibilidade das informações compartilhadas. É importante realizar avaliações periódicas da eficácia dessas medidas e realizar atualizações conforme necessário para enfrentar novas ameaças e vulnerabilidades.

É fundamental estabelecer um processo claro de gerenciamento de incidentes de segurança, incluindo a notificação rápida de qualquer violação de dados às autoridades competentes e às partes afetadas, conforme exigido por lei. Isso permite uma resposta eficaz para mitigar os danos e proteger os direitos dos indivíduos envolvidos.

O compartilhamento de informações com outras entidades exige uma abordagem abrangente que integra aspectos legais, organizacionais, técnicos e de conscientização. Ao adotar procedimentos fundamentados nesses princípios, as organizações podem minimizar os riscos associados ao compartilhamento de informações e promover a confiança tanto internamente quanto com as partes externas envolvidas.

É essencial promover uma cultura de segurança da informação dentro da organização, incentivando a responsabilidade individual e coletiva na proteção dos dados. Isso pode ser alcançado por meio de programas de treinamento regulares, campanhas de conscientização e reforço constante das políticas e procedimentos de segurança de dados.

Além disso, as organizações devem estar atentas às mudanças no cenário regulatório e tecnológico, adaptando continuamente seus procedimentos para garantir a conformidade e a eficácia. Isso inclui monitoramento proativo de novas ameaças e vulnerabilidades, bem como a adoção de melhores práticas emergentes na área de segurança da informação.

Ao adotar uma abordagem abrangente que englobe aspectos legais, organizacionais, técnicos e culturais, as organizações podem garantir que o compartilhamento de informações com outras entidades seja realizado de forma segura e responsável, protegendo os direitos e a privacidade dos indivíduos envolvidos e promovendo a confiança e a colaboração entre as partes interessadas.

Adicionalmente, é crucial estabelecer mecanismos de monitoramento e auditoria para garantir a conformidade contínua com os procedimentos estabelecidos e as regulamentações aplicáveis. Isso pode incluir auditorias internas regulares, revisões de conformidade por partes externas e avaliações de risco periódicas para identificar áreas de melhoria e mitigar potenciais vulnerabilidades.

Além disso, as organizações devem considerar a implementação de certificações de segurança reconhecidas internacionalmente, como ISO 27001, como uma maneira de demonstrar seu compromisso com a proteção de informações sensíveis e a conformidade com os mais altos padrões de segurança da informação.

Em última análise, um processo robusto de compartilhamento de informações com outras entidades deve ser contínuo e iterativo, adaptando-se às mudanças no ambiente operacional e tecnológico e buscando constantemente melhorias na segurança e na proteção dos dados. Ao adotar uma abordagem proativa e holística para a gestão da segurança da informação, as organizações podem minimizar os riscos e maximizar os benefícios do compartilhamento de informações com outras entidades.

Também se faz importante a considerar é a necessidade de estabelecer um plano de contingência eficaz para lidar com situações de emergência ou interrupções nos processos de compartilhamento de informações.

Isso pode incluir a identificação de pontos de falha potenciais, a definição de procedimentos de resposta a incidentes e a alocação de recursos adequados para lidar com crises de segurança da informação de forma rápida e eficaz.

Sendo, é crucial promover uma cultura de responsabilidade e transparência em toda a organização, incentivando os funcionários a relatarem quaisquer preocupações ou incidentes de segurança que possam surgir durante o processo de compartilhamento de informações. Isso ajuda a garantir uma resposta rápida e coordenada a possíveis ameaças à segurança da informação e a evitar potenciais danos à reputação da organização.

Outro aspecto importante é lembrar que o compartilhamento de informações com outras entidades é uma atividade dinâmica e multifacetada, que requer uma abordagem cuidadosa e bem planejada para garantir a segurança e a integridade dos dados envolvidos. Ao adotar procedimentos fundamentados, promover uma cultura de segurança da informação e estar preparado para responder a incidentes de segurança, as organizações podem maximizar os benefícios do compartilhamento de informações enquanto minimizam os riscos associados.

Para garantir a eficácia contínua dos procedimentos de compartilhamento de informações, é vital realizar revisões e atualizações periódicas. Isso inclui avaliar regularmente os procedimentos existentes à luz das mudanças nas regulamentações de privacidade e segurança da informação, bem como das evoluções tecnológicas e das melhores práticas da indústria.

Sendo importante realizar avaliações de desempenho para medir a eficácia dos procedimentos de compartilhamento de informações e identificar áreas de melhoria. Isso pode envolver a análise de métricas de segurança da informação, como o número de incidentes relatados, o tempo médio de resposta a incidentes e a taxa de conformidade com os procedimentos estabelecidos.

Ao manter uma abordagem proativa e orientada para a melhoria contínua, as organizações podem garantir que seus procedimentos de compartilhamento de informações evoluam em resposta às mudanças no ambiente operacional e tecnológico, garantindo a proteção dos dados e a conformidade regulatória em todos os momentos.

É crucial considerar a necessidade de estabelecer canais de comunicação eficazes com as entidades parceiras. Isso inclui garantir que haja mecanismos claros para o compartilhamento de informações relevantes, bem como para relatar quaisquer preocupações ou problemas que possam surgir durante o processo de compartilhamento.

Estabelecendo pontos de contato designados em ambas as organizações para facilitar a comunicação e garantir que as informações sejam compartilhadas de forma eficiente e segura. Além disso, é fundamental estabelecer expectativas claras em relação à confidencialidade e ao uso adequado das informações compartilhadas, por meio de acordos formais de confidencialidade e de não divulgação, quando apropriado.

Mantendo linhas abertas de comunicação e colaboração com as entidades parceiras não apenas ajuda a garantir a eficácia do compartilhamento de informações, mas também fortalece os relacionamentos e promove uma cultura de confiança e cooperação mútua. Isso é essencial para o sucesso a longo prazo de qualquer iniciativa de compartilhamento de informações entre organizações.

Por último, mas não menos importante, é fundamental realizar avaliações regulares do impacto do compartilhamento de informações nas operações e nos objetivos organizacionais. Isso pode incluir a análise do valor agregado gerado pelo compartilhamento de informações, bem como o monitoramento de qualquer impacto negativo potencial, como custos adicionais, riscos de segurança ou perda de controle sobre os dados.

Essas avaliações devem ser conduzidas de forma abrangente, considerando não apenas os aspectos operacionais e financeiros, mas também os impactos éticos, legais e reputacionais do compartilhamento de informações. Com base nos resultados dessas avaliações, as organizações podem ajustar seus procedimentos e estratégias de compartilhamento de informações para garantir que continuem alinhados com os objetivos organizacionais e os interesses das partes envolvidas.

A adoção de uma abordagem abrangente e orientada para resultados para o compartilhamento de informações com outras entidades, as organizações podem maximizar os benefícios dessa prática, ao mesmo tempo em que mitigam os riscos e garantem a conformidade com as regulamentações aplicáveis. Isso contribui para o fortalecimento das relações entre as partes envolvidas e para o alcance de objetivos organizacionais de forma eficaz e responsável.

Em conclusão, o compartilhamento de informações com outras entidades requer a adoção de procedimentos sólidos e fundamentados para garantir a segurança, integridade e conformidade dos dados envolvidos. Isso inclui a avaliação da necessidade e legitimidade do compartilhamento, a obtenção de consentimento quando necessário, a implementação de medidas de segurança técnicas e organizacionais, o estabelecimento de acordos formais e a promoção de uma cultura de segurança da informação.

Além disso, é essencial estabelecer canais de comunicação eficazes, realizar avaliações regulares de impacto e estar preparado para responder a incidentes de segurança de forma rápida e eficaz. Ao seguir esses princípios e adotar uma abordagem abrangente e orientada para resultados, as organizações podem maximizar os benefícios do compartilhamento de informações enquanto minimizam os riscos associados, promovendo a confiança e a colaboração entre as partes envolvidas.

Esses procedimentos não apenas garantem a conformidade com as regulamentações de proteção de dados e privacidade, mas também fortalecem a confiança entre as entidades envolvidas e protegem os direitos e interesses das partes interessadas. Ao manter uma abordagem proativa e centrada na segurança da informação, as organizações podem aproveitar ao máximo as oportunidades oferecidas pelo compartilhamento de informações, ao mesmo tempo em que mitigam os riscos associados. Essa abordagem orientada para resultados não apenas promove a eficácia e eficiência das operações, mas também contribui para o fortalecimento das relações comerciais e a construção de uma reputação sólida no mercado. Em última análise, investir em procedimentos robustos de compartilhamento de informações é essencial para o sucesso sustentável das organizações em um ambiente cada vez mais interconectado e orientado por dados.

Portanto, ao estabelecer e seguir procedimentos fundamentados para o compartilhamento de informações com outras entidades, as organizações demonstram seu compromisso com a segurança, a privacidade e a integridade dos dados, ao mesmo tempo em que promovem a colaboração e a inovação. Essa abordagem não apenas protege os interesses das partes envolvidas, mas também contribui para o desenvolvimento de relacionamentos sólidos e mutuamente benéficos a longo prazo. Em um cenário cada vez mais complexo e regulamentado, investir na implementação e aprimoramento contínuo desses procedimentos é essencial para garantir o sucesso e a sustentabilidade das operações comerciais no mundo digital de hoje.

O compartilhamento de informações é uma prática essencial para promover a colaboração e impulsionar o progresso em diversas áreas, desde a pesquisa científica até as parcerias comerciais. No entanto, é igualmente importante garantir que esse compartilhamento seja realizado de maneira responsável e segura, protegendo os dados envolvidos e respeitando os direitos das partes interessadas. Ao seguir procedimentos bem definidos, manter uma cultura de segurança da informação e estar preparado para enfrentar desafios e responder a incidentes, as organizações podem colher os benefícios do compartilhamento de informações enquanto mitigam os riscos associados.

Essa abordagem não apenas fortalece a confiança entre as entidades envolvidas, mas também contribui para o avanço conjunto e o sucesso sustentável no mundo digitalizado de hoje.

Portanto, para obter sucesso e maximizar os benefícios do compartilhamento de informações, é essencial adotar uma abordagem abrangente e proativa. Isso inclui a implementação de procedimentos robustos que abordem todos os aspectos do processo, desde a avaliação da necessidade e legitimidade do compartilhamento até a implementação de medidas de segurança e a manutenção de uma cultura de conformidade e responsabilidade. Ao fazer isso, as organizações podem aproveitar ao máximo as oportunidades oferecidas pelo compartilhamento de informações, ao mesmo tempo em que protegem seus dados e garantem a confiança e a colaboração entre todas as partes envolvidas. Essa abordagem não apenas fortalece as relações comerciais, mas também promove a inovação e o avanço em um mundo cada vez mais conectado.

O compartilhamento de informações é uma prática vital para o progresso e a colaboração em diversos setores. No entanto, é essencial que esse compartilhamento seja realizado de forma segura, ética e transparente. Ao seguir procedimentos bem estabelecidos, implementar medidas de segurança eficazes e promover uma cultura de responsabilidade e conformidade, as organizações podem colher os benefícios do compartilhamento de informações enquanto protegem os dados e os interesses das partes envolvidas. Essa abordagem não apenas fortalece os relacionamentos e a confiança entre as entidades, mas também impulsiona a inovação e o progresso em um mundo cada vez mais interconectado. Portanto, investir em procedimentos sólidos de compartilhamento de informações é crucial para o sucesso e a sustentabilidade das operações comerciais no ambiente digital em constante evolução.

Em síntese, o compartilhamento de informações é uma prática que exige um equilíbrio delicado entre facilitar a colaboração e proteger a segurança e a privacidade dos dados. Ao estabelecer e seguir procedimentos claros e fundamentados, as organizações podem garantir que esse compartilhamento seja realizado de forma responsável e benéfica para todas as partes envolvidas. Essa abordagem não apenas fortalece os laços entre as entidades, mas também impulsiona a inovação e o avanço em diversas áreas. Portanto, ao investir na implementação e no aprimoramento contínuo desses procedimentos, as organizações podem posicionar-se de maneira sólida em um ambiente digital em constante mudança e aproveitar ao máximo as oportunidades oferecidas pelo compartilhamento de informações.

CAPÍTULO 8

GUARDIÃO DA PRIVACIDADE: O PAPEL CRUCIAL DO ENCARREGADO DE PROTEÇÃO DE DADOS

8.1. O PAPEL FUNDAMNTAL DO ENCARREGADO DE PROTEÇÃO DE DADOS (DPO) EM CLINICAS MÉDICAS

Em um contexto onde a proteção de dados pessoais é uma preocupação cada vez mais premente, a presença de um Encarregado de Proteção de Dados (DPO) em clínicas médicas desempenha um papel crucial na garantia da segurança e privacidade dos dados dos pacientes. Esta figura, exigida pelo Regulamento Geral de Proteção de Dados (GDPR) da União Europeia e adotada por muitas jurisdições em todo o mundo, não é apenas uma formalidade burocrática, mas sim um guardião dos direitos fundamentais dos indivíduos.

Em primeiro lugar, o DPO atua como um facilitador do cumprimento das leis de proteção de dados. Ele é responsável por garantir que a clínica médica esteja em conformidade com os requisitos legais, fornecendo orientação e implementando políticas e práticas que protejam os dados pessoais dos pacientes. Isso inclui a elaboração de políticas de privacidade transparentes, o estabelecimento de procedimentos para lidar com violações de dados e a realização de avaliações de impacto na proteção de dados.

125

Além disso, o DPO desempenha um papel crucial na conscientização e na educação dos funcionários da clínica médica sobre a importância da proteção de dados e suas responsabilidades individuais nesse sentido. A educação contínua é essencial para garantir que todos os membros da equipe compreendam as implicações legais e éticas do tratamento de dados pessoais e estejam preparados para agir de acordo com as melhores práticas.

Outro aspecto relevante é o papel do DPO como ponto de contato entre a clínica médica, as autoridades reguladoras e os pacientes. Ele serve como intermediário para lidar com consultas de pacientes sobre o processamento de seus dados pessoais, bem como para responder a solicitações e reclamações das autoridades de proteção de dados. Essa função é fundamental para manter a transparência e a confiança entre a clínica e seus pacientes, bem como para garantir uma resposta adequada em caso de incidentes de segurança de dados.

Em suma, o papel do Encarregado de Proteção de Dados (DPO) em clínicas médicas é essencial para garantir a conformidade com as leis de proteção de dados, promover a conscientização e a educação sobre a importância da privacidade dos dados e servir como ponto de contato para questões relacionadas à proteção de dados. Sua presença não só protege os direitos fundamentais dos pacientes, mas também fortalece a reputação e a credibilidade da clínica médica no mercado.

Além disso, o DPO desempenha um papel proativo na identificação e mitigação de riscos relacionados à proteção de dados. Isso inclui a realização de avaliações regulares da segurança da informação, a identificação de vulnerabilidades nos sistemas de armazenamento e processamento de dados, e a implementação de medidas preventivas para garantir a integridade, confidencialidade e disponibilidade das informações dos pacientes. Ao agir de forma proativa, o DPO contribui para a prevenção de incidentes de segurança de dados e protege a clínica médica de possíveis sanções legais e danos à reputação.

Em um cenário de constante evolução tecnológica e regulatória, o DPO desempenha um papel crucial na adaptação da clínica médica às mudanças no ambiente de proteção de dados. Ele mantém-se atualizado sobre as novas regulamentações e melhores práticas em proteção de dados, e garante que a clínica esteja em conformidade com as últimas exigências legais e técnicas. Isso inclui a implementação de novas tecnologias de segurança da informação, a atualização de políticas e procedimentos internos, e a realização de treinamentos regulares para garantir a conformidade contínua.

O Encarregado de Proteção de Dados desempenha um papel multifacetado e fundamental nas clínicas médicas, garantindo a conformidade legal, promovendo a conscientização e a educação sobre proteção de dados, agindo proativamente na identificação e mitigação de riscos, e garantindo a adaptação contínua às mudanças no ambiente regulatório e tecnológico. Sua presença é essencial não apenas para proteger os direitos dos pacientes, mas também para garantir a sustentabilidade e o sucesso a longo prazo da clínica médica no mercado.

Além disso, é importante destacar que a presença de um DPO não apenas atende a exigências legais, mas também confere à clínica médica uma vantagem competitiva significativa. Em um ambiente onde a privacidade dos dados se tornou uma preocupação central para os pacientes, a capacidade de demonstrar um compromisso sólido com a proteção dos dados pessoais pode diferenciar a clínica médica de seus concorrentes.

A confiança é um componente essencial em qualquer relacionamento entre paciente e provedor de serviços de saúde. Ao demonstrar um compromisso claro com a proteção dos dados pessoais, a clínica médica constrói uma reputação de confiabilidade e integridade, o que pode levar a uma maior fidelidade dos pacientes e uma melhor percepção da marca.

Um DPO eficaz pode ajudar a clínica médica a evitar custos significativos associados a violações de dados e não conformidade regulatória. As multas por violações do GDPR e outras regulamentações de proteção de dados podem ser substanciais e ter um impacto financeiro significativo em uma organização.

Ter um DPO bem qualificado e dedicado pode ajudar a evitar esses custos, garantindo que a clínica esteja em conformidade e adote as medidas adequadas para proteger os dados dos pacientes.

Portanto, o investimento em um Encarregado de Proteção de Dados não é apenas uma obrigação legal, mas também uma decisão estratégica inteligente para clínicas médicas que desejam proteger os direitos dos pacientes, construir uma reputação sólida e evitar custos desnecessários. O DPO não é apenas um guardião dos dados, mas também um aliado valioso na busca pela excelência em proteção de dados e na prestação de cuidados de saúde de qualidade.

Adicionalmente, a presença de um DPO pode fortalecer a cultura organizacional de proteção de dados dentro da clínica médica. Ao liderar iniciativas de treinamento e conscientização, o DPO pode envolver todos os funcionários na compreensão e na importância da proteção de dados em todas as áreas de atuação da clínica. Isso cria uma mentalidade compartilhada de responsabilidade e respeito pela privacidade dos pacientes, promovendo uma cultura de compliance e segurança da informação em toda a organização.

Além disso, o DPO pode desempenhar um papel ativo na gestão de relacionamentos com parceiros de negócios e fornecedores que tenham acesso aos dados dos pacientes. Ao garantir que essas entidades cumpram os mesmos padrões rigorosos de proteção de dados, o DPO protege não apenas os interesses da clínica médica, mas também os direitos e privacidade dos pacientes que confiam seus dados à instituição.

Por fim, a presença de um DPO pode proporcionar à clínica médica uma maior agilidade na resposta a incidentes de segurança de dados. O DPO é responsável por coordenar as atividades de resposta a incidentes, garantindo uma abordagem rápida e eficaz para mitigar qualquer impacto negativo decorrente de violações de dados. Essa capacidade de resposta ágil não apenas protege os interesses dos pacientes, mas também ajuda a minimizar potenciais danos à reputação da clínica médica.

O Encarregado de Proteção de Dados desempenha um papel multifacetado e estratégico dentro de clínicas médicas, indo além das meras exigências legais para promover uma cultura de proteção de dados, fortalecer relacionamentos com stakeholders e garantir uma resposta eficaz a incidentes de segurança. Sua presença é fundamental para garantir que a clínica médica opere em conformidade com as melhores práticas em proteção de dados e mantenha a confiança e o respeito de seus pacientes e parceiros de negócios.

Paralelamente, o DPO também desempenha um papel crucial na promoção da inovação responsável dentro da clínica médica. À medida que novas tecnologias e práticas de tratamento de dados emergem, é responsabilidade do DPO avaliar seu impacto na privacidade e segurança dos dados dos pacientes. Ao garantir que a inovação seja conduzida de maneira ética e compatível com os princípios de proteção de dados, o DPO possibilita o desenvolvimento de soluções que beneficiam os pacientes sem comprometer sua privacidade.

O DPO também desempenha um papel crucial na promoção da transparência e da confiança entre a clínica médica e seus pacientes. Ao garantir que os pacientes estejam plenamente informados sobre como seus dados estão sendo coletados, armazenados e processados, o DPO promove uma relação de confiança mútua. Isso não apenas fortalece o vínculo entre a clínica médica e seus pacientes, mas também pode levar a uma maior participação dos pacientes em seu próprio cuidado de saúde, resultando em melhores resultados e experiências para todos os envolvidos.

Em síntese, o Encarregado de Proteção de Dados desempenha um papel fundamental em clínicas médicas, garantindo o cumprimento das leis de proteção de dados, promovendo uma cultura de proteção de dados, facilitando a inovação responsável, promovendo a transparência e a confiança entre a clínica e seus pacientes, e garantindo uma resposta eficaz a incidentes de segurança. Sua presença é essencial para o sucesso a longo prazo da clínica médica e para a proteção dos direitos e privacidade dos pacientes.

Mais ainda, a presença de um DPO também pode ser vista como um investimento em sustentabilidade e resiliência da clínica médica no mercado. Em um cenário onde escândalos relacionados à violação de dados estão cada vez mais presentes e a proteção da privacidade é uma preocupação central para os consumidores, ter um DPO dedicado pode ser um diferencial competitivo significativo. Clínicas médicas que demonstram um compromisso sério com a proteção dos dados pessoais dos pacientes estão mais bem posicionadas para atrair e manter a confiança dos clientes, o que pode resultar em uma base de pacientes mais sólida e leal.

Outrossim, o papel do DPO não se limita apenas ao âmbito legal e operacional, mas também pode ter um impacto positivo na reputação e na imagem da clínica médica. Ao demonstrar um compromisso transparente com a proteção dos dados dos pacientes, a clínica pode ganhar reconhecimento como uma instituição confiável e ética, o que pode atrair mais pacientes e parceiros de negócios e contribuir para o crescimento e sucesso a longo prazo da organização.

Acrescentadamente é importante ressaltar que a presença de um DPO não é apenas benéfica para a clínica médica, mas também para a sociedade como um todo. Ao proteger os dados pessoais dos pacientes e promover uma cultura de respeito à privacidade, o DPO está contribuindo para a construção de um ambiente digital mais seguro e ético, onde os direitos individuais são protegidos e respeitados.

Em conclusão, o Encarregado de Proteção de Dados desempenha um papel fundamental e multifacetado em clínicas médicas, promovendo a conformidade legal, fortalecendo a reputação da organização, promovendo a confiança dos pacientes e contribuindo para a construção de uma sociedade mais ética e segura. Sua presença não só é uma obrigação legal, mas também uma decisão estratégica inteligente que pode impulsionar o sucesso e a sustentabilidade da clínica médica a longo prazo.

Em adição, a presença de um DPO pode ser vista como um investimento preventivo contra possíveis consequências negativas decorrentes de violações de dados. Com a crescente sofisticação de cibercriminosos e regulamentações cada vez mais rígidas, as consequências financeiras e de reputação de uma violação de dados podem ser devastadoras para uma clínica médica. Ter um DPO dedicado e bem treinado pode ajudar a minimizar o risco de violações, implementando medidas de segurança robustas, realizando avaliações de risco e garantindo a conformidade com as regulamentações pertinentes.

Paralelamente, o DPO pode desempenhar um papel fundamental na facilitação da colaboração e compartilhamento de dados entre diferentes áreas da clínica médica, bem como com outras instituições de saúde. Ao garantir que os dados sejam tratados de forma ética e em conformidade com as leis de proteção de dados, o DPO pode promover a troca segura de informações que são essenciais para o diagnóstico, tratamento e acompanhamento dos pacientes.

É importante destacar que a presença de um DPO não só protege os direitos individuais dos pacientes, mas também contribui para a proteção da saúde pública como um todo. Ao garantir que os dados de saúde sejam tratados de forma segura e ética, o DPO ajuda a garantir a integridade e confiabilidade das informações utilizadas para pesquisa, monitoramento de doenças e políticas de saúde pública.

Em suma, o Encarregado de Proteção de Dados desempenha um papel essencial em clínicas médicas, proporcionando proteção legal, prevenção contra violações de dados, facilitação da colaboração e compartilhamento de dados, e contribuição para a proteção da saúde pública. Sua presença não só é benéfica para a clínica médica e seus pacientes, mas também para a sociedade como um todo, promovendo um ambiente de saúde digital seguro e ético.

Em poucas palavras, o Encarregado de Proteção de Dados desempenha um papel crucial em clínicas médicas, garantindo o cumprimento das leis de proteção de dados, promovendo uma cultura de proteção de dados, prevenindo violações de dados, facilitando o compartilhamento seguro de informações, e contribuindo para a proteção da saúde pública. Sua presença não só fortalece a conformidade legal e a segurança dos dados dos pacientes, mas também promove a confiança, transparência e respeito pelos direitos individuais. Em um ambiente cada vez mais digital e regulamentado, o investimento em um DPO é não apenas uma obrigação, mas também uma decisão estratégica inteligente para clínicas médicas que buscam prosperar e fornecer cuidados de saúde de qualidade em um mundo digitalizado e conectado.

Adicionalmente, é importante ressaltar que o papel do DPO vai além das responsabilidades técnicas e legais, abrangendo também aspectos éticos e sociais. O DPO atua como um guardião dos direitos individuais dos pacientes, promovendo uma cultura de respeito pela privacidade e dignidade humana. Ao garantir que os dados dos pacientes sejam tratados de forma justa e transparente, o DPO contribui para a construção de uma sociedade mais ética e inclusiva, onde todos têm o direito fundamental de controlar suas informações pessoais.

Portanto, a presença de um Encarregado de Proteção de Dados em clínicas médicas não é apenas uma necessidade legal, mas também uma oportunidade para promover valores fundamentais de respeito, transparência e responsabilidade.

Ao investir em um DPO qualificado e comprometido, as clínicas médicas podem não apenas proteger os direitos de seus pacientes e evitar consequências negativas, mas também promover uma cultura organizacional baseada em princípios éticos e sociais sólidos.

Finalmente, o papel do Encarregado de Proteção de Dados (DPO) em clínicas médicas é fundamental para garantir a conformidade legal, promover uma cultura de proteção de dados, prevenir violações, facilitar o compartilhamento seguro de informações e proteger os direitos individuais dos pacientes. Sua presença não só fortalece a segurança e a confiabilidade das operações da clínica médica, mas também promove a confiança e o respeito dos pacientes, além de contribuir para uma sociedade mais ética e justa. Portanto, investir em um DPO qualificado e comprometido não é apenas uma obrigação, mas também uma estratégia inteligente para garantir o sucesso a longo prazo da clínica médica e o bem-estar de seus pacientes.

8.2.   FUNÇÕES E RESPONSABILIDADES DO DATA PROTECTION OFFICER (DPO) EM CLINICAS MÉDICAS

Introdução

Com o avanço da tecnologia e a crescente preocupação com a proteção de dados pessoais, a figura do Data Protection Officer (DPO) tornou-se essencial em diversas organizações, incluindo clínicas médicas. O DPO desempenha um papel crucial na garantia da conformidade com regulamentos de proteção de dados, como o GDPR (Regulamento Geral de Proteção de Dados) na União Europeia e leis semelhantes em outros países. Neste contexto, discutiremos as funções e responsabilidades específicas do DPO em clínicas médicas.

GARANTIR A CONFORMIDADE COM A LEGISLAÇÃO DE PROTEÇÃO DE DADOS

O principal papel do DPO em clínicas médicas é assegurar que todas as atividades relacionadas ao tratamento de dados pessoais estejam em conformidade com as leis de proteção de dados aplicáveis, como o HIPAA nos Estados Unidos ou legislações nacionais na União Europeia. Isso inclui a revisão e atualização de políticas de privacidade, procedimentos operacionais e contratos com terceiros para garantir que estejam alinhados com as regulamentações pertinentes.

SUPERVISÃO DA AVALIAÇÃO DE IMPACTO NA PROTEÇÃO DE DADOS (DPIA)

O DPO também é responsável por supervisionar a realização da Avaliação de Impacto na Proteção de Dados (DPIA) sempre que forem implementados novos processos, sistemas ou tecnologias que possam representar um risco para a privacidade dos dados dos pacientes. A DPIA é uma ferramenta essencial para identificar e mitigar possíveis riscos à privacidade desde o início do desenvolvimento de novos projetos.

INTERLOCUÇÃO COM AUTORIDADES DE PROTEÇÃO DE DADOS

Como ponto de contato para questões relacionadas à proteção de dados, o DPO atua como interlocutor entre a clínica médica e as autoridades de proteção de dados. Isso inclui responder a solicitações de informações, cooperar em investigações e garantir que a clínica esteja em conformidade com as orientações e instruções das autoridades reguladoras.

ATUALIZAÇÃO PERIÓDICA DAS POLÍTICAS DE PROTEÇÃO DE DADOS

O ambiente regulatório e tecnológico está em constante evolução, e o DPO é responsável por garantir que as políticas de proteção de dados da clínica médica estejam sempre atualizadas e refletindo as melhores práticas e padrões do setor. Isso pode envolver revisões regulares das políticas existentes, bem como a implementação de novas políticas conforme necessário para abordar mudanças nas leis ou no ambiente operacional da clínica.

AUDITORIA INTERNA DE CONFORMIDADE

O DPO realiza auditorias internas periódicas para garantir que a clínica médica esteja em conformidade com suas políticas e procedimentos de proteção de dados. Isso inclui revisar o acesso aos dados dos pacientes, as práticas de retenção de dados, a segurança dos sistemas de informação e o cumprimento das políticas de privacidade.

O papel do DPO em clínicas médicas é multifacetado e requer uma combinação de habilidades técnicas, conhecimento jurídico e habilidades de comunicação eficazes. Ao desempenhar suas funções e responsabilidades de maneira diligente, o DPO desempenha um papel crucial na proteção da privacidade e segurança dos dados dos pacientes, garantindo que a clínica médica opere em conformidade com as leis de proteção de dados e promova uma cultura de privacidade de dados em toda a organização.

IMPLEMENTAÇÃO DE MEDIDAS DE SEGURANÇA DE DADOS

O DPO é responsável por coordenar e implementar medidas de segurança de dados adequadas para proteger as informações dos pacientes contra acesso não autorizado, uso indevido ou perda. Isso pode envolver a realização de avaliações de risco de segurança de dados, a implementação de sistemas de segurança tecnológica, como firewalls e criptografia, e a criação de políticas internas para o manuseio seguro de informações sensíveis.

TREINAMENTO E CONSCIENTIZAÇÃO DOS FUNCIONÁRIOS

Outra responsabilidade do DPO é fornecer treinamento regular aos funcionários da clínica médica sobre questões relacionadas à proteção de dados. Isso inclui educação sobre as leis de privacidade de dados relevantes, boas práticas de segurança de dados, como reconhecer e relatar violações de dados, e a importância de proteger as informações dos pacientes.

GESTÃO DE INCIDENTES DE SEGURANÇA DE DADOS

Em caso de violações de dados ou outros incidentes de segurança, o DPO desempenha um papel fundamental na gestão da resposta à crise. Isso pode envolver a investigação da causa da violação, a mitigação de danos, a notificação das autoridades competentes e a comunicação transparente com os pacientes afetados.

FOMENTO DE UMA CULTURA DE PRIVACIDADE DE DADOS

Além de suas responsabilidades operacionais, o DPO também é encarregado de promover uma cultura de privacidade de dados dentro da clínica médica. Isso inclui incentivar uma mentalidade de proteção de dados em todos os níveis da organização, desde a equipe administrativa até os profissionais de saúde, e garantir que a proteção da privacidade seja considerada uma prioridade em todas as decisões e atividades.

Em resumo, o DPO desempenha um papel fundamental na garantia da conformidade com as leis de proteção de dados e na proteção das informações dos pacientes em clínicas médicas. Suas responsabilidades vão desde a implementação de medidas de segurança de dados até o treinamento de funcionários e a gestão de incidentes de segurança. Ao desempenhar eficazmente essas funções, o DPO ajuda a construir confiança entre os pacientes e a clínica médica, garantindo que suas informações pessoais sejam tratadas com o devido cuidado e respeito à privacidade.

8.3.   A NOMEAÇÃO DE UM DATA PROTECTION OFFICER (DPO)

A nomeação de um Data Protection Officer (DPO) traz diversos benefícios para uma clínica, tanto do ponto de vista legal quanto operacional. Primeiramente, o DPO é essencial para garantir conformidade com as regulamentações de proteção de dados, como o GDPR (Regulamento Geral de Proteção de Dados) na União Europeia ou leis similares em outras jurisdições. Sua presença assegura que a clínica está em conformidade com as exigências legais, evitando multas e possíveis litígios decorrentes de violações de privacidade.

Além disso, o DPO atua como um ponto focal para questões relacionadas à proteção de dados, fornecendo orientação interna sobre as melhores práticas de privacidade e segurança da informação. Isso promove uma cultura organizacional de conscientização e responsabilidade em relação aos dados dos pacientes, reduzindo o risco de incidentes de segurança e vazamentos de informações.

Outro benefício importante é a melhoria da confiança dos pacientes. Ao saber que a clínica tem um profissional dedicado à proteção de seus dados pessoais, os pacientes se sentirão mais seguros em compartilhar informações confidenciais, aumentando a credibilidade e a reputação da instituição.

Além disso, o DPO desempenha um papel crucial na gestão de riscos relacionados à privacidade de dados. Ao realizar avaliações de impacto à proteção de dados e implementar medidas de mitigação apropriadas, ele ajuda a minimizar os riscos de violações de dados e suas consequências negativas para a clínica e seus pacientes.

Em síntese, a nomeação de um DPO na clínica traz benefícios significativos, incluindo conformidade legal, melhoria da cultura de privacidade, aumento da confiança dos pacientes e gestão eficaz de riscos de privacidade de dados. Essa abordagem proativa não apenas protege a clínica de possíveis consequências adversas, mas também demonstra um compromisso com a proteção dos dados pessoais dos pacientes.

Adicionalmente, a presença de um DPO na clínica pode facilitar a comunicação com autoridades regulatórias em caso de investigações ou auditorias relacionadas à proteção de dados. O DPO atua como um ponto de contato entre a clínica e as autoridades de supervisão, garantindo uma resposta rápida e eficaz a qualquer solicitação ou preocupação levantada pelas autoridades.

Ademais, o DPO pode desempenhar um papel crucial na promoção da inovação responsável. Ao colaborar com as equipes de desenvolvimento e tecnologia, o DPO pode garantir que novas iniciativas e tecnologias sejam projetadas e implementadas com a privacidade em mente desde o início, garantindo o cumprimento das regulamentações e a proteção dos dados dos pacientes.

Enfim, a nomeação de um DPO na clínica pode ser vista como um investimento no futuro sustentável da instituição. Ao priorizar a proteção de dados e a privacidade dos pacientes, a clínica constrói uma base sólida para o crescimento e a longevidade no mercado, diferenciando-se pela excelência na gestão de dados e pelo compromisso com a segurança e privacidade dos pacientes.

Em suma, os benefícios da nomeação de um DPO na clínica vão além da mera conformidade legal. Eles incluem melhorias na gestão de riscos, aumento da confiança dos pacientes, facilitação da comunicação com autoridades regulatórias, promoção da inovação responsável e construção de uma base sólida para o sucesso futuro da instituição. Portanto, investir na nomeação de um DPO é essencial para garantir a proteção dos dados dos pacientes e o sucesso a longo prazo da clínica.

Além disso, o DPO desempenha um papel fundamental na educação e treinamento contínuo dos funcionários da clínica sobre questões de proteção de dados. Ao oferecer programas de treinamento regulares, o DPO ajuda a garantir que todos os membros da equipe estejam cientes das políticas e procedimentos relacionados à privacidade de dados, reduzindo o risco de erros humanos que possam levar a violações de dados.

Outro aspecto importante é a capacidade do DPO de realizar avaliações regulares da conformidade e revisões de políticas de proteção de dados. Isso permite que a clínica adapte suas práticas de proteção de dados conforme necessário, em resposta a mudanças nas regulamentações ou na estrutura organizacional, garantindo assim que permaneça atualizada e em conformidade com as leis de privacidade de dados.

Caminhando para o encerramento, a presença de um DPO pode ser benéfica em termos de gestão de crises. Em caso de violação de dados ou incidente de segurança, o DPO pode liderar a resposta da clínica, coordenando a investigação interna, avaliando o impacto da violação e coordenando a notificação adequada às autoridades regulatórias e aos pacientes afetados. Isso ajuda a minimizar o impacto da violação e a proteger a reputação da clínica.

Em conclusão, a nomeação de um DPO na clínica não apenas promove a conformidade legal e a proteção dos dados dos pacientes, mas também oferece uma série de benefícios adicionais, incluindo educação e treinamento dos funcionários, revisão contínua da conformidade, e gestão eficaz de crises de privacidade de dados. Portanto, é uma medida essencial para qualquer clínica que valorize a privacidade e segurança dos dados de seus pacientes.

Adicionalmente, a nomeação de um DPO pode servir como um diferencial competitivo para a clínica. Em um ambiente cada vez mais consciente da privacidade, os pacientes estão mais propensos a escolher instituições de saúde que demonstrem um compromisso sólido com a proteção de seus dados pessoais. Ter um DPO demonstra um compromisso claro com a transparência, ética e responsabilidade no tratamento das informações dos pacientes, o que pode atrair novos pacientes e reforçar a fidelidade dos existentes.

O DPO pode desempenhar um papel importante na gestão de relacionamentos com parceiros e fornecedores externos. Ao avaliar e monitorar o cumprimento das políticas de proteção de dados desses parceiros, o DPO garante que a clínica esteja protegida contra possíveis vulnerabilidades introduzidas por terceiros. Isso ajuda a fortalecer as relações comerciais e minimizar o risco de exposição a violações de dados através de terceiros.

A nomeação de um DPO na clínica pode contribuir para uma cultura de responsabilidade e transparência em toda a organização. Ao promover a conscientização sobre a importância da proteção de dados e encorajar uma abordagem proativa para lidar com questões de privacidade, o DPO ajuda a criar uma cultura organizacional que valoriza e prioriza a segurança e privacidade dos dados em todas as atividades e processos da clínica.

Portanto, além dos benefícios já mencionados, a nomeação de um DPO pode fortalecer a reputação da clínica, melhorar relacionamentos com parceiros externos e promover uma cultura organizacional centrada na proteção de dados e na ética. Esses benefícios combinados fazem da nomeação de um DPO uma decisão estratégica e vantajosa para qualquer clínica que busque operar de forma responsável e competitiva no cenário atual.

CAPÍTULO 9

IMPLEMENTAÇÃO EFICAZ: ESTRATÉGIAS PARA A CONFORMIDADE COM A LGPD EM AMBIENTES CLÍNICOS

9.1. BOAS PRÁTICAS PARA ADEQUAÇÃO Á LGPD EM CLINICAS MÉDICAS

Introdução

Com a implementação da Lei Geral de Proteção de Dados (LGPD), as clínicas médicas se veem diante da necessidade de adotar medidas para garantir a proteção das informações dos pacientes. Neste contexto, é fundamental a adoção de boas práticas para adequação à LGPD, visando assegurar o tratamento seguro e ético dos dados pessoais dos indivíduos atendidos.

1. Transparência e Consentimento

Uma das bases da LGPD é a transparência no tratamento de dados pessoais. As clínicas devem informar de maneira clara e acessível como os dados dos pacientes são coletados, armazenados, utilizados e compartilhados. Além disso, é essencial obter o consentimento explícito dos pacientes para o tratamento de seus dados, respeitando sua autonomia e garantindo que eles tenham pleno conhecimento sobre como suas informações serão utilizadas.

2. Segurança da Informação

A segurança da informação é um aspecto crucial na proteção dos dados dos pacientes. As clínicas devem implementar medidas técnicas e organizacionais adequadas para garantir a confidencialidade, integridade e disponibilidade dos dados. Isso inclui a adoção de sistemas de criptografia, firewalls, controles de acesso, backups regulares e políticas de segurança bem definidas.

3. Minimização de Dados

Outro princípio importante da LGPD é a minimização de dados, que preconiza que as clínicas devem coletar apenas as informações estritamente necessárias para a realização dos serviços prestados. Dessa forma, é fundamental revisar os processos de coleta de dados e evitar a obtenção de informações excessivas ou irrelevantes, reduzindo assim o risco de exposição indevida dos pacientes.

4. Treinamento e Conscientização

A conscientização e capacitação dos profissionais que lidam com dados pessoais também são fundamentais para garantir a conformidade com a LGPD. As clínicas devem oferecer treinamentos regulares sobre as diretrizes e procedimentos de proteção de dados, destacando a importância da segurança da informação e as consequências do descumprimento da legislação.

5. Monitoramento e Auditoria

Por fim, é essencial que as clínicas realizem monitoramento e auditorias periódicas para garantir a conformidade com a LGPD e identificar eventuais vulnerabilidades ou falhas no tratamento de dados. Essas atividades permitem avaliar a eficácia das medidas implementadas e tomar as ações corretivas necessárias para mitigar riscos e proteger a privacidade dos pacientes.

6. Política de Retenção de Dados

Uma política de retenção de dados clara e bem definida é essencial para garantir a conformidade com a LGPD. As clínicas médicas devem estabelecer prazos adequados para a manutenção dos registros dos pacientes, levando em consideração requisitos legais, regulatórios e operacionais. Além disso, é importante implementar procedimentos para a destruição segura e permanente dos dados após o término do período de retenção, evitando assim o armazenamento desnecessário e reduzindo o risco de violações de privacidade.

7. Parcerias com Prestadores de Serviços Confiáveis

As clínicas médicas frequentemente compartilham dados pessoais com prestadores de serviços terceirizados, como laboratórios, seguradoras e empresas de tecnologia da informação. Nesse sentido, é fundamental estabelecer parcerias com fornecedores confiáveis e que também estejam em conformidade com a LGPD. Contratos claros e detalhados devem ser firmados, estipulando as responsabilidades de cada parte no tratamento dos dados e garantindo medidas adequadas de proteção e segurança da informação.

8. Resposta a Incidentes de Segurança

Mesmo com todas as precauções, é possível que ocorram incidentes de segurança, como vazamento de dados ou acessos não autorizados. Nestes casos, as clínicas médicas devem estar preparadas para uma resposta eficaz e rápida. Um plano de resposta a incidentes deve ser desenvolvido, documentado e testado regularmente, definindo os procedimentos a serem seguidos para mitigar o impacto do incidente, comunicar as partes afetadas e as autoridades competentes, e implementar medidas corretivas para evitar recorrências.

9. Privacidade desde a Concessão e por Padrão

A LGPD preconiza a incorporação da privacidade desde a concepção e por padrão (privacy by design and by default) nos processos e sistemas das clínicas médicas. Isso significa que a proteção da privacidade deve ser considerada desde a fase inicial do desenvolvimento de novos serviços ou produtos, bem como incorporada como padrão em todas as operações e atividades da organização. Ao integrar a privacidade em todos os aspectos do negócio, as clínicas podem garantir uma abordagem proativa e consistente para a proteção de dados pessoais.

Em um cenário cada vez mais digital e regulatório, as clínicas médicas enfrentam desafios significativos para garantir a conformidade com a LGPD e proteger a privacidade dos pacientes. Ao adotar boas práticas como políticas claras, parcerias confiáveis, resposta a incidentes e incorporação da privacidade desde a concepção, as clínicas podem não apenas cumprir com suas obrigações legais, mas também promover a confiança e o respeito aos direitos dos pacientes em relação ao tratamento de seus dados pessoais.

Diante do cenário de crescente preocupação com a proteção de dados pessoais, as clínicas médicas devem adotar boas práticas para adequação à LGPD como parte de sua responsabilidade ética e legal. Ao priorizar a transparência, segurança, minimização de dados, treinamento e monitoramento, as clínicas podem garantir o tratamento adequado e ético das informações dos pacientes, fortalecendo a confiança e a credibilidade em seus serviços.

9.2. PLANO DE IMPLEMENTAÇÃ DA LGPD EM CLINICAS MÉDICAS

A Lei Geral de Proteção de Dados (LGPD) representa um marco na regulamentação da privacidade e segurança de dados no Brasil. Sua implementação é crucial para garantir a proteção dos dados pessoais dos pacientes em clínicas médicas. Nesse sentido, um plano de implementação eficaz deve ser elaborado, levando em consideração diversos aspectos fundamentais.

1. Sensibilização e Treinamento: O primeiro passo é conscientizar toda a equipe da clínica sobre a importância da LGPD e suas implicações. Treinamentos regulares devem ser realizados para garantir que todos os colaboradores entendam seus deveres e responsabilidades em relação à proteção de dados.

2. Mapeamento de Dados: É essencial realizar um mapeamento detalhado de todos os dados pessoais coletados, armazenados e processados pela clínica. Isso inclui informações de pacientes, funcionários e prestadores de serviços. Identificar onde esses dados estão localizados e quem tem acesso a eles é crucial para garantir sua segurança.

3. Revisão e Atualização de Políticas: As políticas de privacidade e segurança de dados da clínica devem ser revisadas e atualizadas de acordo com os requisitos da LGPD. Isso inclui a definição de procedimentos claros para a coleta, armazenamento, uso e exclusão de dados pessoais, bem como a obtenção de consentimento adequado dos pacientes.

4. **Implementação de Medidas de Segurança**: Medidas técnicas e organizacionais devem ser implementadas para garantir a segurança dos dados pessoais. Isso pode incluir a criptografia de dados, o uso de firewalls e antivírus, a implementação de políticas de acesso restrito e a realização de auditorias regulares de segurança.

5. **Nomeação de um Encarregado de Dados:** A LGPD exige a nomeação de um Encarregado de Dados (DPO) responsável por garantir o cumprimento da lei dentro da clínica. Esse profissional deve ser devidamente capacitado e ter autonomia para atuar de forma independente.

6. **Monitoramento e Auditoria:** É importante estabelecer procedimentos de monitoramento e auditoria para garantir o cumprimento contínuo da LGPD. Isso pode incluir a realização de avaliações de impacto à privacidade, a revisão periódica das políticas e procedimentos, e a resposta eficaz a incidentes de segurança.

8. **Educação do Paciente:** A clínica deve informar claramente os pacientes sobre como seus dados pessoais serão coletados, armazenados e utilizados, garantindo total transparência e oferecendo opções claras de consentimento. Materiais educativos e canais de comunicação adequados devem ser disponibilizados para esclarecer dúvidas e preocupações dos pacientes.

8. **Parceria com Prestadores de Serviços:** Caso a clínica compartilhe dados pessoais com prestadores de serviços externos, é fundamental estabelecer contratos claros que garantam a conformidade com a LGPD. Esses contratos devem especificar as responsabilidades de cada parte em relação à proteção e segurança dos dados, bem como os procedimentos para notificação de incidentes e auditorias de conformidade.

9. Resposta a Incidentes: Mesmo com medidas preventivas robustas, incidentes de segurança de dados podem ocorrer. Portanto, é essencial ter um plano de resposta a incidentes em vigor, que inclua procedimentos claros para identificação, avaliação e mitigação de violações de dados. Isso envolve notificar as autoridades competentes e os pacientes afetados dentro dos prazos estabelecidos pela LGPD.

10. Avaliação Contínua e Melhoria: A conformidade com a LGPD não é um processo estático, mas sim contínuo. A clínica deve realizar avaliações regulares de sua conformidade, identificando áreas de melhoria e implementando medidas corretivas conforme necessário. Isso pode incluir atualizações de políticas, revisões de processos e investimentos em tecnologia de segurança da informação.

11. Cultura de Proteção de Dados: Além de políticas e procedimentos formais, é importante promover uma cultura organizacional de proteção de dados. Isso envolve conscientizar os colaboradores sobre a importância da privacidade e segurança da informação e incentivá-los a adotar práticas responsáveis em relação ao manuseio de dados pessoais.

12. Acompanhamento da Evolução Legal: A LGPD é uma legislação dinâmica, sujeita a alterações e atualizações. Portanto, a clínica deve manter-se atualizada sobre as mudanças na legislação e adaptar seus processos e procedimentos conforme necessário para garantir a conformidade contínua.

13. Compromisso Organizacional: A alta administração da clínica deve demonstrar um compromisso claro com a conformidade com a LGPD, alocando recursos adequados e priorizando a proteção de dados pessoais.

14. Abordagem Holística: A implementação da LGPD requer uma abordagem holística, que abrange sensibilização, mapeamento de dados, revisão de políticas, investimento em tecnologia, educação continuada e gestão de riscos de privacidade.

15. Transparência e Consentimento: É fundamental garantir a transparência sobre as práticas de tratamento de dados e obter consentimento válido dos pacientes para o uso de suas informações pessoais, conforme exigido pela LGPD.

16. Monitoramento e Melhoria Contínua: A conformidade com a LGPD não é um processo pontual, mas sim contínuo. A clínica deve realizar monitoramento regular, avaliação de riscos e melhorias contínuas em seus processos e procedimentos de proteção de dados.

17. Cultura de Privacidade: Promover uma cultura organizacional de privacidade e segurança da informação é essencial para garantir a conscientização e o engajamento de todos os colaboradores na proteção dos dados pessoais dos pacientes.

Em síntese, a implementação da LGPD na clínica médica requer um plano abrangente que envolve sensibilização, mapeamento de dados, revisão de políticas, implementação de medidas de segurança, nomeação de um DPO, monitoramento e educação do paciente. Ao seguir essas etapas e garantir o cumprimento rigoroso da legislação, a clínica pode proteger efetivamente os dados pessoais de seus pacientes e evitar potenciais sanções legais.

A implementação bem-sucedida da LGPD na clínica médica requer um compromisso contínuo com a conformidade, que abrange desde a sensibilização dos colaboradores até a melhoria contínua dos processos e procedimentos. Ao adotar uma abordagem abrangente e proativa, a clínica pode não apenas atender aos requisitos legais, mas também proteger efetivamente os dados pessoais de seus pacientes, construindo confiança e reputação no mercado.

Em suma, a implementação da LGPD na clínica médica é um processo multifacetado que requer compromisso, investimento e uma abordagem holística para a proteção dos dados pessoais dos pacientes. Ao adotar as práticas e medidas adequadas, a clínica não apenas cumprirá os requisitos legais, mas também promoverá a confiança e o respeito pelos direitos de privacidade dos indivíduos.

Em conclusão, a implementação eficaz da LGPD na clínica médica é essencial para garantir a proteção dos dados pessoais dos pacientes, promovendo confiança, transparência e responsabilidade no tratamento dessas informações sensíveis. Os principais pontos a serem destacados incluem:

Ao adotar esses princípios e implementar medidas adequadas, a clínica não apenas estará em conformidade com a LGPD, mas também fortalecerá sua reputação, construindo confiança e lealdade entre os pacientes e parceiros comerciais.

9.3.   CONSCIENTIZAÇÃO DOS PROFISSIONAIS DE SAÚDE E EQUIPE ADMINISTRATIVA

a. Conscientização e Treinamento

Educar profissionais de saúde e equipe administrativa sobre os princípios e práticas da LGPD é crucial. Realizar treinamentos regulares ajuda a construir uma cultura de consciência e responsabilidade em relação à proteção de dados.

b. Avaliação de Impacto a Proteção de Dados

Ao implementar novos projetos, tecnologias ou programas educacionais que envolvem o tratamento de dados pessoais, realizar Avaliações de Impacto à Proteção de Dados é uma prática preventiva. Isso permite identificar e mitigar riscos desde o início.

c. Políticas e Procedimentos Claros

Desenvolver e manter políticas claras e procedimentos internos relacionados à coleta, processamento e armazenamento de dados é fundamental. Esses documentos devem refletir os princípios da LGPD e serem acessíveis a todos os envolvidos.

d. Consentimento Informado

Garantir que o consentimento para o tratamento de dados seja obtido de forma clara e informada, especialmente quando se trata de dados de alunos menores de idade. Os responsáveis devem ser totalmente informados sobre como os dados serão utilizados.

e. Segurança da Informação

Implementar medidas de segurança robustas para proteger os dados pessoais contra acessos não autorizados, perdas ou danos. Isso inclui criptografia, controle de acesso e políticas de gestão de senhas.

f. Mapeamento de Dados

Realizar um mapeamento completo de todos os dados pessoais processados pela escola, identificando a origem, o fluxo e a finalidade de cada conjunto de dados. Isso ajuda na gestão eficiente dos dados e na resposta a solicitações de titulares.

g. Resposta a Incidentes

Desenvolver um plano de resposta a incidentes que estabeleça procedimentos claros em caso de violação de dados. Isso inclui a notificação rápida às autoridades competentes e aos titulares dos dados, quando necessário.

h. Relações Contratuais e Parcerias

Revisar e, se necessário, renegociar contratos com fornecedores e parceiros para garantir que as cláusulas relacionadas à proteção de dados estejam alinhadas com os padrões da LGPD.

i. Privacidade desde o Design (Privacy by Design)

Integre práticas de privacidade desde o início do desenvolvimento de novos projetos e sistemas. Isso envolve considerar a proteção de dados como um componente essencial, não um complemento posterior.

j. Transparência e Comunicação

Fomentar a transparência na comunicação com os titulares dos dados. Manter os envolvidos informados sobre como seus dados são utilizados, oferecendo canais claros para perguntas e solicitações.

k. Atualização Contínua

Estar ciente das mudanças na legislação e nas práticas recomendadas de proteção de dados. Manter políticas e procedimentos atualizados para garantir a conformidade contínua com as normas em evolução.

9.4. MONITORAMENTO E AUDITORIA PARA GARANTIR CONFORMIDADE

Monitoramento e auditoria contínua desempenham papéis essenciais na garantia da conformidade com a Lei Geral de Proteção de Dados (LGPD) no contexto das clínicas. A LGPD estabelece diretrizes rígidas para o tratamento de dados pessoais, visando proteger a privacidade e a segurança das informações dos indivíduos. Nesse sentido, a implementação de medidas de monitoramento e auditoria contínua é crucial para assegurar que as clínicas estejam em conformidade com essa legislação.

Primeiramente, o monitoramento constante das atividades relacionadas ao tratamento de dados pessoais permite identificar e corrigir prontamente qualquer violação ou falha de segurança. Isso inclui a análise dos acessos aos dados por parte dos funcionários, o controle de quem tem permissão para acessar informações sensíveis e a detecção de qualquer atividade suspeita que possa indicar uma potencial violação de privacidade. Através do monitoramento, as clínicas podem agir proativamente para mitigar riscos e garantir a integridade dos dados pessoais dos pacientes.

Além disso, a auditoria contínua é uma ferramenta fundamental para avaliar a eficácia dos controles internos e procedimentos de segurança implementados pela clínica. Realizar auditorias regulares permite identificar lacunas na conformidade com a LGPD e implementar medidas corretivas para garantir que os padrões de proteção de dados estejam sendo seguidos adequadamente. Isso inclui revisar as políticas de privacidade, os processos de consentimento dos pacientes, as práticas de armazenamento e compartilhamento de dados, entre outros aspectos relevantes para a conformidade.

Ademais, o monitoramento e a auditoria contínua não apenas ajudam as clínicas a cumprir com as exigências legais da LGPD, mas também contribuem para a construção da confiança dos pacientes. Saber que suas informações pessoais estão sendo protegidas e tratadas com o devido cuidado aumenta a satisfação e a fidelidade dos pacientes.

Além disso, em caso de incidentes de segurança ou violações de dados, uma abordagem transparente e responsável, facilitada pelo monitoramento e auditoria, ajuda a manter a reputação da clínica intacta.

Portanto, é inegável a importância do monitoramento e da auditoria contínua para garantir a conformidade com a LGPD no contexto das clínicas. Essas práticas não só ajudam a proteger a privacidade dos pacientes, mas também fortalecem a reputação e a credibilidade das instituições de saúde. Investir em medidas de monitoramento e auditoria contínua é essencial para assegurar que as clínicas atendam aos mais altos padrões de proteção de dados e ofereçam um ambiente seguro e confiável para seus pacientes.

Adicionalmente, o contexto das clínicas de saúde é particularmente sensível devido à natureza das informações tratadas, que muitas vezes incluem dados médicos confidenciais. Portanto, a implementação de práticas robustas de monitoramento e auditoria contínua se torna ainda mais crucial para garantir a proteção dessas informações sensíveis.

No cenário atual, em que a LGPD impõe sanções significativas para o descumprimento das suas disposições, incluindo multas substanciais e danos à reputação da instituição, o monitoramento e a auditoria contínua se tornam investimentos indispensáveis para as clínicas. Além de garantir a conformidade legal, essas práticas também ajudam a evitar custos decorrentes de possíveis violações de dados e litígios resultantes.

Outro aspecto a considerar é a evolução constante das regulamentações e das ameaças à segurança da informação. O monitoramento e a auditoria contínua permitem que as clínicas estejam sempre atualizadas em relação às exigências legais e às melhores práticas de proteção de dados. Isso é especialmente relevante no contexto da saúde, onde novas tecnologias e formas de tratamento de dados estão em constante desenvolvimento, exigindo uma vigilância contínua para garantir a conformidade e a segurança dos dados dos pacientes.

Em suma, o monitoramento e a auditoria contínua são peças fundamentais para garantir a conformidade com a LGPD no contexto das clínicas de saúde. Além de proteger a privacidade dos pacientes e fortalecer a confiança do público, essas práticas também ajudam as instituições a evitar riscos legais e financeiros, bem como a se adaptar às mudanças regulatórias e tecnológicas em um ambiente dinâmico e altamente regulamentado. Portanto, investir em medidas de monitoramento e auditoria contínua é essencial para o sucesso e a sustentabilidade das clínicas no cenário atual de proteção de dados e privacidade.

Além disso, é importante ressaltar que o monitoramento e a auditoria contínua não devem ser encarados apenas como requisitos regulatórios a serem cumpridos, mas sim como uma parte integrante de uma cultura organizacional voltada para a proteção de dados e a privacidade dos pacientes. Ao adotar uma abordagem proativa em relação ao monitoramento e à auditoria, as clínicas demonstram seu compromisso em proteger as informações confidenciais dos pacientes e em agir de forma responsável e ética em relação ao tratamento de dados pessoais.

Além disso, o monitoramento e a auditoria contínua proporcionam insights valiosos que podem ser utilizados para melhorar continuamente os processos internos e os sistemas de segurança da informação. Ao identificar áreas de vulnerabilidade ou ineficiência, as clínicas podem implementar medidas corretivas e preventivas para fortalecer sua postura de segurança e proteção de dados, reduzindo assim o risco de incidentes de segurança e violações de privacidade.

Por fim, é importante destacar que o monitoramento e a auditoria contínua não são tarefas isoladas, mas sim um processo contínuo e iterativo que requer o envolvimento e o comprometimento de toda a organização. A conscientização e o treinamento dos funcionários são essenciais para garantir a eficácia dessas práticas, uma vez que muitas violações de dados ocorrem devido a erros humanos ou falta de conhecimento sobre as políticas e procedimentos de segurança.

Em suma, o monitoramento e a auditoria contínua desempenham um papel fundamental na garantia da conformidade com a LGPD e na proteção da privacidade dos pacientes no contexto das clínicas de saúde.

Ao adotar uma abordagem proativa e integrada em relação a essas práticas, as clínicas podem não apenas atender aos requisitos regulatórios, mas também fortalecer sua postura de segurança e proteção de dados, garantindo assim a confiança e a satisfação dos pacientes e o sucesso a longo prazo da instituição.

Adicionalmente, a implementação eficaz de monitoramento e auditoria contínua pode proporcionar benefícios tangíveis para as clínicas, além de garantir conformidade com a LGPD. Essas práticas podem ajudar as clínicas a identificar padrões de uso de dados, preferências dos pacientes e tendências de mercado, fornecendo insights valiosos para melhorar os serviços prestados e aprimorar a experiência do paciente.

Por exemplo, ao analisar os dados coletados sobre o histórico de tratamento de pacientes, as clínicas podem identificar áreas de melhoria nos processos de atendimento, reduzir o tempo de espera, personalizar o tratamento de acordo com as necessidades individuais dos pacientes e melhorar a eficiência operacional. Além disso, o monitoramento contínuo das interações com os pacientes pode ajudar as clínicas a identificar oportunidades para oferecer serviços adicionais, promover programas de saúde preventiva e aumentar o engajamento dos pacientes em seu próprio cuidado de saúde.

Portanto, ao implementar práticas de monitoramento e auditoria contínua, as clínicas não apenas garantem conformidade com a LGPD, mas também podem melhorar a qualidade dos serviços prestados, aumentar a satisfação dos pacientes e impulsionar o crescimento do negócio a longo prazo. Assim, investir em monitoramento e auditoria contínua não deve ser visto apenas como uma obrigação legal, mas como uma oportunidade para as clínicas se destacarem no mercado, oferecendo serviços de saúde de alta qualidade e colocando os pacientes no centro de suas operações.

Além disso, o monitoramento e a auditoria contínua também desempenham um papel crucial na construção e manutenção da confiança dos stakeholders, incluindo pacientes, parceiros comerciais e órgãos reguladores. Ao demonstrar um compromisso sério com a proteção de dados e a conformidade com a legislação de privacidade, as clínicas podem fortalecer sua reputação e credibilidade no mercado.

A transparência é um elemento-chave nesse processo. Ao comunicar de forma clara e transparente as políticas de privacidade e segurança de dados aos pacientes e outros envolvidos, as clínicas podem inspirar confiança e construir relacionamentos sólidos baseados na proteção dos direitos individuais e na responsabilidade organizacional.

Além disso, o monitoramento e a auditoria contínua podem ajudar as clínicas a antecipar e mitigar potenciais riscos relacionados à segurança da informação e privacidade dos dados. Ao identificar vulnerabilidades ou possíveis violações de dados em estágios iniciais, as clínicas podem agir rapidamente para implementar medidas corretivas e evitar impactos adversos para os pacientes e para o negócio como um todo.

Em resumo, o monitoramento e a auditoria contínua não só são essenciais para garantir conformidade com a LGPD e proteger os dados dos pacientes, mas também são fundamentais para fortalecer a confiança dos stakeholders, melhorar a qualidade dos serviços prestados e impulsionar o crescimento sustentável das clínicas no mercado competitivo de saúde. Portanto, investir nessas práticas não deve ser visto como um ônus, mas sim como um investimento estratégico para o sucesso a longo prazo da instituição.

Em suma, o monitoramento e a auditoria contínua desempenham um papel fundamental na garantia da conformidade com a LGPD e na proteção da privacidade dos pacientes no contexto das clínicas de saúde. Essas práticas não apenas ajudam as clínicas a atender aos requisitos legais, mas também fortalecem a confiança dos pacientes, proporcionam insights valiosos para melhorar os serviços prestados, mitigam riscos de segurança da informação e contribuem para a construção de uma reputação sólida e confiável no mercado.

Portanto, investir em monitoramento e auditoria contínua não é apenas uma obrigação, mas uma oportunidade estratégica para as clínicas se destacarem como líderes em proteção de dados e qualidade de serviços de saúde.

Ao adotar uma abordagem proativa em relação ao monitoramento e à auditoria contínua, as clínicas demonstram seu compromisso com a proteção dos dados dos pacientes e com a conformidade com as regulamentações de privacidade.

Essas práticas não apenas ajudam a evitar custos e penalidades associadas a violações de dados, mas também capacitam as clínicas a melhorar continuamente seus processos internos, fortalecer a confiança dos stakeholders e impulsionar o crescimento sustentável do negócio. Em última análise, o investimento em monitoramento e auditoria contínua não é apenas uma medida de conformidade, mas uma estratégia inteligente para promover a excelência operacional e a liderança no setor de saúde.

CAPÍTULO 10

CONFORMIDADE ÉTICA: NAVEGANDO PELA LGPD NA PRÁTICA MÉDICA

10.1. LGPD E A ÉTICA MÉDICA NA PRÁTICA MÉDICA

A Lei Geral de Proteção de Dados (LGPD) é uma legislação brasileira que visa proteger os dados pessoais dos cidadãos, regulamentando sua coleta, armazenamento, tratamento e compartilhamento por parte de organizações públicas e privadas. Quando aplicada à prática médica, a LGPD implica em uma série de responsabilidades éticas e legais que os profissionais de saúde devem cumprir.

Primeiramente, a LGPD estabelece que os dados de saúde são sensíveis e, portanto, exigem um cuidado especial no seu manuseio. Isso significa que médicos e instituições de saúde devem garantir a segurança e a confidencialidade das informações dos pacientes, adotando medidas técnicas e organizacionais adequadas para proteger esses dados contra acessos não autorizados, vazamentos ou qualquer forma de violação.

Além disso, a LGPD requer transparência por parte dos profissionais de saúde em relação ao tratamento dos dados pessoais dos pacientes. Isso implica em informar de forma clara e precisa quais informações estão sendo coletadas, com que finalidade, por quanto tempo serão armazenadas e quem terá acesso a elas. Os pacientes devem consentir explicitamente com o uso de seus dados, e têm o direito de acessá-los, corrigi-los, ou até mesmo solicitar sua exclusão, se assim desejarem.

Do ponto de vista ético, a observância da LGPD na prática médica está intrinsecamente ligada ao respeito à autonomia, dignidade e privacidade dos pacientes. Os médicos têm o dever ético de proteger a confidencialidade das informações confiadas a eles pelos pacientes, mantendo o sigilo sobre seu histórico médico e condições de saúde, a menos que haja consentimento explícito ou obrigação legal de compartilhá-las.

No entanto, a aplicação da LGPD na prática médica também levanta questões éticas complexas, como o equilíbrio entre a proteção da privacidade do paciente e a necessidade de compartilhamento de informações para o bem-estar do próprio paciente ou de terceiros. Nesses casos, é fundamental que os médicos ajam com prudência e ética, avaliando cuidadosamente os potenciais benefícios e riscos de cada situação e buscando sempre o consentimento informado dos pacientes, quando possível.

Em resumo, a LGPD e a ética na prática médica estão interligadas, pois ambas buscam proteger os direitos e a dignidade dos pacientes, garantindo que seus dados pessoais sejam tratados de forma ética, transparente e segura, em conformidade com a legislação e os princípios éticos da profissão médica.

Em suma, a aplicação da LGPD na prática médica requer o cumprimento de uma série de diretrizes éticas e legais. Os principais pontos a serem considerados incluem:

1. Proteção da Privacidade e Confidencialidade: Médicos e instituições de saúde devem garantir a segurança e a confidencialidade dos dados pessoais dos pacientes, protegendo-os contra acessos não autorizados ou vazamentos.

2. Transparência e Consentimento: É fundamental informar os pacientes sobre como seus dados serão utilizados, obtendo seu consentimento explícito para o tratamento dessas informações e respeitando seu direito de acessá-las, corrigi-las ou excluí-las conforme necessário.

3. Respeito à Autonomia do Paciente: Os médicos devem respeitar a autonomia dos pacientes ao decidir sobre o uso e compartilhamento de seus dados pessoais, buscando sempre seu consentimento informado e considerando seus interesses e preferências individuais.

4. Equilíbrio entre Privacidade e Bem-Estar: Em situações em que há um conflito entre a proteção da privacidade do paciente e a necessidade de compartilhamento de informações para garantir seu bem-estar ou o de terceiros, os médicos devem agir com prudência e ética, buscando sempre o melhor interesse do paciente e respeitando seus direitos.

Ao observar esses pontos, os profissionais de saúde podem garantir que a aplicação da LGPD na prática médica seja ética, transparente e respeitosa dos direitos e da dignidade dos pacientes, promovendo assim uma relação de confiança e cuidado mútuo entre médicos e pacientes.

10.2. A IMPORTANCIA DA ÉTICA E PRIVACIDADE NA RELAÇÃO MÉDICO-PACIENTE NO CONTEXTO DA LGPD

A importância da ética e privacidade na relação médico-paciente é fundamental em qualquer contexto, mas torna-se ainda mais crucial no âmbito da LGPD (Lei Geral de Proteção de Dados). A ética na medicina é a base para a confiança mútua entre médico e paciente, enquanto a privacidade garante que as informações sensíveis do paciente sejam tratadas com o devido cuidado e respeito.

Em primeiro lugar, a ética na relação médico-paciente é essencial para garantir que o paciente se sinta confortável em compartilhar informações íntimas e pessoais com seu médico. Essa confiança é construída sobre os princípios éticos de beneficência, não maleficência, autonomia e justiça.

Quando o paciente confia no médico para agir em seu melhor interesse, ele se sente mais inclinado a divulgar informações precisas e relevantes sobre sua saúde, o que, por sua vez, permite ao médico tomar decisões informadas e personalizadas sobre o tratamento.

Além disso, a privacidade é um direito fundamental do paciente e uma obrigação ética do médico. A LGPD reforça essa proteção ao estabelecer diretrizes claras sobre como os dados de saúde devem ser coletados, armazenados, processados e compartilhados. Respeitar a privacidade do paciente não apenas fortalece a relação de confiança, mas também é crucial para garantir que as informações sensíveis não caiam em mãos erradas ou sejam usadas de maneira inadequada.

No contexto da LGPD, os médicos são obrigados a adotar medidas rigorosas para proteger os dados de saúde de seus pacientes, incluindo o uso de sistemas de segurança da informação, a obtenção de consentimento explícito para o processamento de dados e a divulgação transparente sobre como as informações serão utilizadas. Essas medidas não apenas ajudam a cumprir os requisitos legais, mas também promovem uma cultura de responsabilidade e respeito pela privacidade do paciente.

Em resumo, a ética e a privacidade desempenham papéis essenciais na relação médico-paciente, especialmente no contexto da LGPD. Ao garantir que os princípios éticos orientem todas as interações e que a privacidade do paciente seja respeitada e protegida, os médicos podem fortalecer a confiança mútua e promover melhores resultados de saúde para seus pacientes.

Além disso, a ética e a privacidade na relação médico-paciente são cruciais para promover uma prática médica centrada no paciente. Quando os pacientes se sentem seguros para compartilhar suas preocupações, históricos médicos completos e até mesmo questões sensíveis, como saúde mental ou comportamentos de risco, os médicos podem oferecer um cuidado mais personalizado e eficaz.

Sem uma base ética sólida, há o risco de violação da confidencialidade e da privacidade do paciente, o que pode levar à perda de confiança e até mesmo a processos legais. Além disso, em um mundo cada vez mais digitalizado, com a crescente utilização de registros eletrônicos de saúde e telemedicina, é ainda mais importante garantir que os dados dos pacientes sejam protegidos contra ameaças cibernéticas e acessos não autorizados.

Portanto, a ética e a privacidade na relação médico-paciente não devem ser consideradas apenas como questões legais ou regulatórias, mas sim como valores fundamentais que promovem uma prática médica de qualidade, baseada no respeito, na confiança e no bem-estar do paciente. O cumprimento dos princípios éticos e das diretrizes de privacidade da LGPD não apenas protege os direitos dos pacientes, mas também fortalece a integridade e a credibilidade da profissão médica como um todo.

Além disso, a integração da ética e da privacidade na relação médico-paciente também contribui para a promoção de uma sociedade mais justa e equitativa. Respeitar a privacidade do paciente significa reconhecer e honrar sua autonomia e dignidade como ser humano. Isso é especialmente relevante em contextos sensíveis, como tratamentos de saúde mental, doenças estigmatizadas ou condições crônicas, onde o respeito à privacidade pode ser crucial para reduzir o estigma e promover a inclusão social.

Além disso, a ética na relação médico-paciente implica em uma abordagem não discriminatória, onde todos os pacientes são tratados com equidade, independentemente de sua origem étnica, status socioeconômico, orientação sexual, ou qualquer outra característica.

Isso não apenas fortalece a confiança individual na relação médico-paciente, mas também contribui para a construção de uma sociedade mais justa e solidária.

Portanto, é evidente que a ética e a privacidade na relação médico-paciente são de extrema importância, não apenas no contexto da LGPD, mas também para promover o bem-estar individual, a qualidade do cuidado de saúde e a justiça social.

Ao priorizar esses valores fundamentais, os profissionais de saúde não apenas cumprem suas responsabilidades éticas e legais, mas também contribuem para a construção de um sistema de saúde mais humano, inclusivo e eficaz.

Além disso, a consideração ética e a proteção da privacidade na relação médico-paciente têm implicações significativas na pesquisa médica e no avanço científico. Ao garantir que os pacientes confiem na confidencialidade de suas informações de saúde, os médicos podem mais facilmente recrutar participantes para estudos clínicos e pesquisas científicas, essenciais para o desenvolvimento de novos tratamentos e terapias.

A LGPD, ao estabelecer diretrizes claras para o uso e proteção de dados pessoais, também contribui para um ambiente de pesquisa mais ético e responsável. Ao exigir o consentimento informado dos pacientes para o uso de seus dados em pesquisa, a lei protege os direitos dos participantes e promove uma abordagem transparente e ética na condução de estudos médicos.

Além disso, a proteção da privacidade dos pacientes também é essencial para preservar a confiança pública na pesquisa médica e no sistema de saúde como um todo. Incidentes de violação de dados ou uso inadequado de informações pessoais podem minar a confiança do público e prejudicar a reputação da comunidade médica, dificultando futuras colaborações e avanços científicos.

Portanto, ao considerar a importância da ética e da privacidade na relação médico-paciente no contexto da LGPD, é crucial reconhecer seu impacto não apenas no nível individual, mas também na pesquisa médica e no avanço científico.

Ao promover uma cultura de respeito pelos direitos dos pacientes e pela integridade ética, os profissionais de saúde podem não apenas cumprir as exigências legais, mas também contribuir para um sistema de saúde mais eficaz, confiável e orientado para o bem-estar de todos.

Além disso, a proteção da privacidade e o respeito à ética na relação médico-paciente também têm implicações importantes no contexto da prestação de cuidados de saúde personalizados e baseados em dados.

Com o avanço da tecnologia e a coleta cada vez maior de dados de saúde, é essencial garantir que essas informações sejam utilizadas de maneira ética e responsável.

Ao proteger a privacidade dos pacientes, os profissionais de saúde podem garantir que suas informações sensíveis não sejam compartilhadas ou utilizadas de forma inadequada, preservando assim a confiança e o respeito mútuo na relação médico-paciente. Além disso, a ética na utilização dos dados de saúde é fundamental para evitar o risco de discriminação ou injustiça, garantindo que todas as decisões de tratamento sejam baseadas nas necessidades individuais do paciente e não em estereótipos ou preconceitos.

A LGPD desempenha um papel crucial ao estabelecer diretrizes claras para o uso e proteção de dados pessoais, incluindo informações de saúde. Ao cumprir essas regulamentações e adotar práticas éticas na coleta, armazenamento e utilização de dados de pacientes, os profissionais de saúde podem promover uma abordagem mais personalizada e eficaz no tratamento de doenças e na promoção da saúde.

Portanto, a ética e a privacidade na relação médico-paciente não são apenas questões de respeito aos direitos individuais, mas também fundamentais para garantir a qualidade e a eficácia dos cuidados de saúde. Ao integrar esses princípios na prática clínica e no desenvolvimento de políticas de proteção de dados, os profissionais de saúde podem contribuir para um sistema de saúde mais humano, centrado no paciente e orientado para o bem comum.

Em suma, a ética e a privacidade na relação médico-paciente desempenham papéis essenciais na promoção da confiança mútua, na proteção dos direitos individuais e na garantia de cuidados de saúde de qualidade. No contexto da LGPD, esses princípios se tornam ainda mais relevantes, pois a lei estabelece diretrizes claras para o tratamento e proteção de dados pessoais, incluindo informações de saúde.

Os principais pontos a serem destacados são:

1. Confiança mútua: A ética na relação médico-paciente é fundamental para construir uma base sólida de confiança, permitindo que os pacientes compartilhem informações sensíveis com seus médicos de forma aberta e honesta.

2. Proteção da privacidade: Respeitar a privacidade do paciente é uma obrigação ética do médico e uma garantia de que suas informações de saúde serão tratadas com o devido cuidado e confidencialidade.

3. Justiça e equidade: A consideração ética na relação médico-paciente promove uma abordagem não discriminatória no tratamento de pacientes, garantindo que todos recebam cuidados de saúde equitativos e personalizados.

4. Avanço científico: A proteção da privacidade e o respeito à ética na utilização de dados de saúde são fundamentais para promover a pesquisa médica e o desenvolvimento de tratamentos inovadores, ao mesmo tempo em que preservam a confiança do público na integridade do sistema de saúde.

Ao integrar esses princípios na prática clínica e no desenvolvimento de políticas de proteção de dados, os profissionais de saúde podem contribuir para um sistema de saúde mais humano, centrado no paciente e orientado para o bem comum.

10.3. FORTALECENDO A CONFIANÇA E REPUTAÇÃO DA CLÍNICA ATARVÉS DA CONFORMIDADE COM A LGPD

Introdução:

No cenário atual, a proteção de dados pessoais é uma preocupação crescente para indivíduos e organizações. Com a implementação da Lei Geral de Proteção de Dados (LGPD), as clínicas médicas se encontram diante do desafio de garantir a conformidade com as regulamentações para proteger a privacidade e os direitos de seus pacientes.

Neste contexto, fortalecer a confiança e reputação da clínica se torna não apenas uma obrigação legal, mas também uma estratégia essencial para o sucesso sustentável da instituição.

1. Proteção dos Direitos Individuais:

A conformidade com a LGPD demonstra o compromisso da clínica em proteger os direitos individuais dos pacientes. Ao assegurar que os dados pessoais sejam coletados, armazenados e processados de acordo com os princípios da lei, a clínica reforça a confiança dos pacientes em sua capacidade de proteger suas informações sensíveis. Isso resulta em um relacionamento mais sólido e duradouro entre a clínica e seus clientes.

2. Redução de Riscos e Sanções:

O não cumprimento das disposições da LGPD pode acarretar em multas significativas e danos à reputação da clínica. Ao adotar práticas de conformidade, a clínica reduz os riscos de violações de dados e as consequentes sanções legais. Isso não apenas protege os interesses financeiros da instituição, mas também preserva sua reputação no mercado, evitando publicidade negativa e perda de clientes.

3. Melhoria da Eficiência Operacional:

A conformidade com a LGPD requer a implementação de processos claros e seguros para o tratamento de dados pessoais. Ao estabelecer políticas e procedimentos robustos de proteção de dados, a clínica melhora sua eficiência operacional, reduzindo o risco de incidentes de segurança e garantindo a integridade e disponibilidade das informações. Isso contribui para uma gestão mais eficaz e confiável dos registros de pacientes.

4. Diferencial Competitivo:

Em um mercado cada vez mais competitivo, a conformidade com a LGPD pode servir como um diferencial para a clínica. Ao demonstrar seu compromisso com a proteção da privacidade e segurança dos dados dos pacientes, a clínica se destaca como uma instituição confiável e responsável.

Isso pode atrair novos clientes que valorizam a proteção de seus direitos e influenciar positivamente a decisão de escolha da clínica pelos pacientes.

Em suma, fortalecer a confiança e reputação da clínica através da conformidade com a LGPD é não apenas uma exigência legal, mas também uma estratégia inteligente para garantir o sucesso e sustentabilidade da instituição. Ao proteger os direitos individuais, reduzir riscos, melhorar a eficiência operacional e destacar-se no mercado, a clínica não apenas cumpre suas obrigações éticas, mas também constrói relacionamentos sólidos com seus pacientes e se posiciona como líder em proteção de dados no setor de saúde.

A conformidade com a LGPD não é apenas uma obrigação legal, mas uma oportunidade estratégica para as clínicas médicas fortalecerem sua confiança e reputação no mercado. Ao adotar práticas de proteção de dados que garantam a privacidade e segurança das informações pessoais dos pacientes, as clínicas não apenas cumprem com seus deveres éticos, mas também estabelecem um diferencial competitivo significativo.

A confiança é a base fundamental de qualquer relacionamento médico-paciente, e a demonstração de comprometimento com a proteção dos direitos individuais dos pacientes não apenas consolida essa confiança, mas também contribui para uma relação mais próxima e duradoura. Além disso, a conformidade com a LGPD não deve ser vista apenas como uma questão de conformidade legal, mas como uma oportunidade para aprimorar a eficiência operacional, reduzir riscos e fortalecer a posição da clínica no mercado. Em um ambiente onde a reputação pode ser facilmente afetada por incidentes de segurança de dados, investir na conformidade com a LGPD não é apenas uma escolha sábia, mas uma necessidade para garantir a viabilidade e sucesso a longo prazo da clínica no setor de saúde.

CONCLUSÃO

ENCERRANDO O CICLO: REFLEXÕES FINAIS SOBRE A LGPD NAS CLINICAS MÉDICAS

A Lei Geral de Proteção de Dados (LGPD) representa um marco importante na proteção da privacidade e dos direitos dos cidadãos brasileiros, impondo obrigações e responsabilidades às organizações que tratam dados pessoais, incluindo as clínicas médicas. Ao longo deste resumo, exploramos os diversos aspectos da LGPD e seu impacto no contexto das clínicas médicas, bem como o papel essencial dessas instituições na proteção dos dados dos pacientes.

A conformidade com a LGPD não é apenas uma obrigação legal, mas uma oportunidade para as clínicas médicas fortalecerem sua confiança e reputação no mercado. Ao adotar medidas adequadas para garantir a segurança e privacidade dos dados dos pacientes, as clínicas demonstram seu compromisso com a proteção dos direitos individuais e promovem uma relação de confiança e respeito mútuo com seus clientes.

Um dos principais desafios enfrentados pelas clínicas médicas na conformidade com a LGPD é o tratamento de dados sensíveis de saúde. Essas informações requerem um nível mais elevado de proteção devido à sua natureza delicada e pessoal. No entanto, com políticas internas claras, medidas de segurança adequadas e o envolvimento de todos os colaboradores, as clínicas médicas podem garantir a integridade e confidencialidade desses dados, respeitando sempre os direitos e a privacidade dos pacientes.

Além disso, a LGPD também confere aos pacientes uma série de direitos importantes, como o acesso e retificação de seus dados pessoais, anonimização e eliminação de informações desnecessárias, e portabilidade dos dados entre clínicas.

As clínicas médicas devem estar preparadas para atender a essas solicitações de forma rápida e eficiente, garantindo assim a transparência e controle dos pacientes sobre suas informações pessoais.

A implementação de tecnologias, como prontuários eletrônicos de pacientes (PEP), também desempenha um papel fundamental na conformidade com a LGPD. No entanto, é importante garantir que essas tecnologias estejam em conformidade com os requisitos da legislação e que medidas adequadas sejam tomadas para proteger os dados dos pacientes contra acessos não autorizados ou vazamentos.

Além disso, as clínicas médicas devem estabelecer procedimentos claros para o compartilhamento de informações com prestadores de serviços e terceiros, garantindo que isso seja feito de forma legal e ética, e que os parceiros envolvidos estejam em conformidade com a LGPD.

A nomeação de um Encarregado de Proteção de Dados (DPO) também pode ser benéfica para as clínicas médicas na garantia da conformidade com a LGPD. O DPO é responsável por monitorar o cumprimento das obrigações legais relacionadas à proteção de dados e atuar como ponto de contato para questões relacionadas à privacidade e segurança da informação.

Por fim, é fundamental que as clínicas médicas adotem uma abordagem proativa e contínua em relação à conformidade com a LGPD. Isso inclui o desenvolvimento de um plano de implementação detalhado, o treinamento regular dos funcionários, o monitoramento e auditoria contínua das práticas de proteção de dados, e a atualização constante das políticas e procedimentos conforme necessário.

Em conclusão, as clínicas médicas desempenham um papel essencial na proteção dos dados dos pacientes e na promoção de uma cultura de privacidade e segurança da informação. Ao garantir a conformidade com a LGPD e adotar as melhores práticas em relação à proteção de dados, as clínicas não apenas cumprem com suas obrigações legais, mas também fortalecem sua reputação e relacionamento com os pacientes, garantindo assim o bem-estar e confiança daqueles que confiam seus dados pessoais a essas instituições.

Em última análise, as clínicas médicas desempenham um papel crucial na proteção e tratamento ético dos dados dos pacientes. Além de cumprir com as disposições legais da LGPD, essas instituições têm o dever ético de respeitar a privacidade e a confidencialidade das informações confiadas a elas. A relação entre médico e paciente é baseada na confiança mútua e na troca de informações sensíveis, e é responsabilidade das clínicas médicas garantir que essa relação seja mantida com integridade e respeito.

A LGPD oferece uma oportunidade para as clínicas médicas não apenas se adequarem às exigências legais, mas também para fortalecerem seus padrões éticos e reputação no setor de saúde. Ao priorizar a proteção dos dados dos pacientes, as clínicas não apenas cumprem com suas obrigações legais, mas também demonstram seu compromisso com a excelência na prestação de cuidados de saúde.

É importante ressaltar que a conformidade com a LGPD não deve ser vista como uma tarefa árdua ou burocrática, mas sim como uma oportunidade para as clínicas médicas aprimorarem suas práticas de gestão de dados e fortalecerem seus laços com a comunidade. Ao adotar uma abordagem proativa e colaborativa em relação à proteção de dados, as clínicas médicas podem não apenas garantir a segurança e privacidade das informações dos pacientes, mas também promover uma cultura de confiança e transparência em todo o setor de saúde.

A LGPD representa um avanço significativo na proteção dos direitos dos pacientes e na promoção de práticas éticas no tratamento de dados pessoais. As clínicas médicas têm um papel fundamental a desempenhar nesse processo, e é essencial que elas abracem o desafio e adotem as medidas necessárias para garantir a conformidade com a legislação e o respeito aos direitos dos pacientes. Somente dessa forma podemos garantir que a relação médico-paciente seja baseada em princípios de confiança, respeito e integridade, promovendo assim o bem-estar e a segurança de todos aqueles que buscam cuidados de saúde.

Ademais, é essencial destacar que a conformidade com a LGPD não é um processo estático, mas sim um compromisso contínuo com a proteção dos dados dos pacientes. À medida que a tecnologia avança e novas ameaças à privacidade surgem, as clínicas médicas devem estar sempre atentas às mudanças no cenário regulatório e tecnológico e ajustar suas práticas conforme necessário. Isso requer investimento em treinamento e educação para os funcionários, atualização constante das políticas e procedimentos internos e uma cultura organizacional que valorize a segurança e privacidade dos dados.

As clínicas médicas também desempenham um papel importante na conscientização dos pacientes sobre seus direitos de privacidade e na promoção de uma cultura de proteção de dados na sociedade em geral. Ao informar os pacientes sobre como seus dados serão utilizados e garantir que eles tenham controle sobre suas informações pessoais, as clínicas médicas não apenas cumprem com as exigências da LGPD, mas também fortalecem a confiança e o respeito mútuo na relação médico-paciente.

Por fim, é fundamental reconhecer que a conformidade com a LGPD não é apenas uma obrigação legal, mas também uma oportunidade para as clínicas médicas se destacarem como líderes em proteção de dados no setor de saúde. Ao adotar práticas de proteção de dados transparentes e éticas, as clínicas não apenas cumprem com suas obrigações legais, mas também fortalecem sua reputação e credibilidade no mercado. Isso pode atrair novos pacientes que valorizam a privacidade e segurança de suas informações e solidificar a confiança dos pacientes existentes.

Em resumo, as clínicas médicas desempenham um papel essencial na proteção dos dados dos pacientes e na promoção de uma cultura de privacidade e segurança da informação. Ao garantir a conformidade com a LGPD e adotar as melhores práticas em relação à proteção de dados, as clínicas não apenas cumprem com suas obrigações legais, mas também fortalecem sua reputação e relacionamento com os pacientes, garantindo assim o bem-estar e confiança daqueles que confiam seus dados pessoais a essas instituições.

APÊNDICE:

GLOSSÁRIO DE TERMOS RELACIONADOS À LGPD PARA CLINICAS MÉDICAS

A Lei Geral de Proteção de Dados (LGPD) é uma legislação complexa que envolve uma série de termos e conceitos específicos. Para ajudar os leitores a entender melhor a LGPD e sua aplicação nas clinicas médicas, este livro apresenta um apêndice com os principais termos relacionados à LGPD.

1. LGPD - Lei Geral de Proteção de Dados: Legislação brasileira que estabelece regras para coleta, armazenamento, tratamento e compartilhamento de dados pessoais, visando proteger a privacidade dos cidadãos.

2. Dados Pessoais: Informações relacionadas a uma pessoa identificada ou identificável, como nome, CPF, endereço, e-mail, entre outros.

3. Titular dos Dados: Pessoa física a quem os dados pessoais se referem.

4. Controlador de Dados: Pessoa física ou jurídica responsável por tomar as decisões referentes ao tratamento de dados pessoais.

5. Operador de Dados: Pessoa física ou jurídica que realiza o tratamento de dados pessoais em nome do controlador.

6. Consentimento: Autorização prévia e expressa do titular dos dados para o tratamento de suas informações pessoais para finalidades específicas.

7. Anonimização: Processo de tornar os dados pessoais irreversivelmente anônimos, de modo que não possam mais ser associados a um indivíduo específico.

8. Encarregado de Proteção de Dados (DPO): Pessoa indicada pelo controlador para atuar como ponto de contato entre a clínica, os titulares dos dados e a Autoridade Nacional de Proteção de Dados (ANPD).

9. Vazamento de Dados: Incidente de segurança que resulta na divulgação não autorizada ou acesso indevido a dados pessoais.

10. Autoridade Nacional de Proteção de Dados (ANPD): Órgão responsável por fiscalizar, regulamentar e aplicar sanções relacionadas ao cumprimento da LGPD.

11. Princípio da Finalidade: Princípio que determina que os dados pessoais devem ser coletados para finalidades específicas, legítimas e informadas aos titulares.

12. Princípio da Necessidade: Princípio que estabelece que o tratamento de dados pessoais deve se limitar ao mínimo necessário para a realização das finalidades pretendidas.

13. Princípio da Transparência: Princípio que exige que o tratamento de dados pessoais seja realizado de forma transparente, com informações claras e acessíveis aos titulares.

14. Princípio da Segurança: Princípio que impõe a adoção de medidas técnicas e organizacionais adequadas para proteger os dados pessoais contra acessos não autorizados e incidentes de segurança.

15. Avaliação de Impacto à Proteção de Dados (AIPD): Processo de identificação e mitigação de riscos à privacidade dos titulares de dados, realizado antes da realização de determinados tratamentos de dados pessoais.

16. Transferência Internacional de Dados: Envio de dados pessoais para países que não oferecem um nível adequado de proteção de dados, sujeita a requisitos específicos estabelecidos pela LGPD.

17. Consentimento Explícito: Forma mais rigorosa de consentimento, exigida para o tratamento de dados sensíveis ou para finalidades específicas determinadas pela lei.

18. Dados Sensíveis: Categoria especial de dados pessoais que revelam informações sobre origem racial ou étnica, convicções religiosas, opiniões políticas, saúde, orientação sexual, entre outros, sujeitos a proteções adicionais pela LGPD.

19. Privacidade por Design: Abordagem que preconiza a integração de medidas de proteção de dados desde a concepção de sistemas, produtos e serviços.

20. Incidente de Segurança da Informação: Evento que compromete a segurança, a confidencialidade, a integridade ou a disponibilidade de dados pessoais, exigindo a adoção de medidas corretivas imediatas.

Este glossário é uma base inicial para familiarizar-se com os termos-chave relacionados à LGPD, adaptados para o contexto das clínicas médicas. É fundamental continuar atualizando-se e consultando a legislação para garantir o cumprimento adequado das obrigações previstas na Lei Geral de Proteção de Dados.

MODELOS DE DOCUMENTOS PARA ADEQUAÇÃO À LGPD

POLÍTICA DE PRIVACIDADE

Este documento deve ser elaborado pela clínica para informar aos Pacientes e Responsáveis, visitantes, prestadores de serviços e funcionários sobre como os dados pessoais são coletados, processados e armazenados. A política de privacidade deve ser clara e objetiva, e deve incluir informações sobre os direitos dos titulares dos dados, como o direito de acesso, retificação e exclusão dos dados pessoais.

Documento de Adequação à LGPD para clínicas

[Logo da clínica]

Política de Privacidade e Proteção de Dados Pessoais

[Data]

Introdução:

A [Nome da clínica] reconhece a importância da privacidade e proteção de dados pessoais de pacientes, profissionais de saúde, funcionários e demais partes interessadas em conformidade com a Lei Geral de Proteção de Dados (LGPD). Este documento estabelece as diretrizes e práticas adotadas pela escola para garantir o cumprimento rigoroso das normas estabelecidas pela legislação.

Princípios de Tratamento de Dados:

1. **Finalidade:** Os dados pessoais coletados pela [Nome da Clínica] serão utilizados exclusivamente para fins educacionais, administrativos e de gestão, garantindo transparência e clareza nas finalidades específicas de cada coleta.

2. **Necessidade e Proporcionalidade:** A clínica compromete-se a coletar apenas os dados estritamente necessários para as finalidades previamente informadas, mantendo a proporção adequada entre a coleta e a finalidade do processamento.

3. **Consentimento:** Quando necessário, a [Nome da clínica] obterá o consentimento prévio e informado dos titulares dos dados, garantindo que este seja revogável a qualquer momento.

Medidas de Segurança:

1. **Acesso Restrito:** Os dados pessoais serão acessados apenas por colaboradores autorizados, de acordo com suas responsabilidades e funções dentro da instituição.

2. **Criptografia e Segurança da Informação:** A clínica implementará medidas de segurança tecnológica, como criptografia e protocolos de segurança da informação, para proteger os dados pessoais contra acessos não autorizados.

3. **Treinamento e Conscientização:** Todos os colaboradores serão treinados regularmente em boas práticas de segurança da informação e conscientizados sobre a importância da proteção de dados pessoais.

Direitos dos Titulares:

1. **Acesso e Retificação:** Os titulares dos dados têm o direito de acessar suas informações pessoais e solicitar correções, caso necessário.

2. **Exclusão e Portabilidade:** A escola compromete-se a excluir dados pessoais após o período necessário para as finalidades do tratamento e facilitar a portabilidade dos dados, conforme solicitado pelos titulares.

Registro de Incidentes:

Em caso de incidentes de segurança que possam comprometer a proteção dos dados pessoais, a [Nome da Escola] notificará a Autoridade Nacional de Proteção de Dados (ANPD) e os titulares dos dados afetados, conforme estabelecido pela LGPD.

Responsabilidade e Governança:

Um Comitê de Proteção de Dados será designado para monitorar a conformidade com a LGPD, realizar avaliações de impacto à privacidade e assegurar que as políticas e práticas de proteção de dados sejam revisadas e atualizadas regularmente.

Conclusão:

A [Nome da clínica] compromete-se a zelar pela privacidade e proteção dos dados pessoais, adotando medidas técnicas e organizacionais que garantam a conformidade com a LGPD. Este documento está sujeito a revisões periódicas para refletir eventuais atualizações na legislação ou mudanças nas práticas da escola.

TERMO DE CONSENTIMENTO

Este documento deve ser utilizado pela clínica para obter o consentimento dos titulares dos dados para o tratamento de seus dados pessoais. O termo de consentimento deve ser específico para cada finalidade de tratamento, e deve ser obtido de forma livre, informada e inequívoca.

TERMO DE CONSENTIMENTO PARA TRATAMENTO DE DADOS PESSOAIS - LGPD[2]

[Nome da Clínica Médica]

Termo de Consentimento para Tratamento de Dados Pessoais

Eu, [Nome do Paciente], portador do CPF nº [Número do CPF], autorizo a [Nome da Clínica Médica] a coletar, utilizar e processar os meus dados pessoais para os fins descritos na Política de Privacidade da clínica.

Declaro estar ciente dos meus direitos em relação aos meus dados pessoais, conforme previsto na legislação vigente, e concordo em seguir as orientações e procedimentos estabelecidos pela clínica.

Data: [Inserir Data]

Assinatura: _____

---

[2] Este termo de consentimento é um documento importante para garantir que os titulares dos dados compreendam e concordem com o tratamento de suas informações pessoais pelo condomínio, em conformidade com a Lei Geral de Proteção de Dados (LGPD). Certifique-se de adaptar este modelo de acordo com as necessidades específicas do seu condomínio e em estrita conformidade com a legislação vigente.

FORMULÁRIO DE SOLICITAÇÃO DE ACESSO AOS DADOS PESSOAIS:

[Nome da Clínica Médica]

Formulário de Solicitação de Acesso aos Dados Pessoais

Nome do Paciente: _____

CPF do Paciente: _____

Data de Nascimento: _____

Endereço de E-mail: _____

Telefone para Contato: _____

Descrição da Solicitação de Acesso aos Dados:

[Descreva a solicitação detalhada do paciente, como acesso a registros médicos, histórico de consultas, exames realizados, etc.]

Data: [Inserir Data]

Assinatura do Paciente: _____

Assinatura do Responsável (se aplicável): _____

Este formulário deve ser preenchido e assinado pelo paciente ou pelo seu responsável legal. O acesso aos dados pessoais será fornecido de acordo com os procedimentos estabelecidos pela clínica e a legislação de proteção de dados.

Estes modelos de documentos podem ser adaptados às necessidades específicas da clínica médica e devem ser revisados por um profissional jurídico para garantir conformidade com a LGPD e outras regulamentações aplicáveis.

FORMULÁRIO DE SOLICITAÇÃO DE RETIFICAÇÃO DE DADOS PESSOAIS:

[Nome da Clínica Médica]

Formulário de Solicitação de Retificação de Dados Pessoais

Nome do Paciente: _____

CPF do Paciente: _____

Data de Nascimento: _____

Endereço de E-mail: _____

Telefone para Contato: _____

Descrição da Solicitação de Retificação de Dados:

[Descreva os dados pessoais que precisam ser corrigidos ou atualizados]

Data: [Inserir Data]

Assinatura do Paciente: _____

Assinatura do Responsável (se aplicável): _____

Este formulário deve ser preenchido e assinado pelo paciente ou pelo seu responsável legal. A retificação dos dados pessoais será realizada de acordo com os procedimentos estabelecidos pela clínica e a legislação de proteção de dados.

TERMO DE CONSENTIMENTO PARA TRATAMENTO DE DADOS SENSÍVEIS:

[Nome da Clínica Médica]

Termo de Consentimento para Tratamento de Dados Sensíveis

Eu, [Nome do Paciente], portador do CPF nº [Número do CPF], autorizo a [Nome da Clínica Médica] a coletar, utilizar e processar os meus dados sensíveis, conforme definido pela Lei Geral de Proteção de Dados (LGPD), para os fins relacionados ao meu tratamento médico.

Declaro estar ciente dos riscos envolvidos no tratamento de dados sensíveis e concordo em fornecer o meu consentimento expresso para tal tratamento.

Data: [Inserir Data]

Assinatura: _____

FORMULÁRIO DE AVALIAÇÃO DE IMPACTO À PROTEÇÃO DE DADOS (AIPD):

[Nome da Clínica Médica]

Formulário de Avaliação de Impacto à Proteção de Dados (AIPD)

Projeto/Processo: _____

Responsável pelo Tratamento de Dados: _____

Descrição do Projeto/Processo:

[Descreva o projeto ou processo que envolve o tratamento de dados pessoais, incluindo finalidades, tipos de dados, métodos de coleta, compartilhamento, etc.]

Identificação de Riscos à Privacidade:

[Identifique os riscos potenciais à privacidade dos titulares dos dados envolvidos no projeto ou processo]

Medidas de Mitigação de Riscos:

[Descreva as medidas que serão adotadas para mitigar os riscos identificados e garantir a conformidade com a LGPD]

Data: [Inserir Data]

Assinatura do Responsável pelo Tratamento de Dados: _____

Este formulário deve ser preenchido e revisado antes da implementação de novos projetos ou processos que envolvam o tratamento de dados pessoais na clínica médica. A avaliação de impacto à proteção de dados é fundamental para identificar e mitigar riscos à privacidade dos titulares dos dados, conforme exigido pela LGPD.

TERMO DE CONSENTIMENTO PARA USO DE IMAGEM:

[Nome da Clínica Médica]

Termo de Consentimento para Uso de Imagem

Eu, [Nome do Paciente], portador do CPF n° [Número do CPF], autorizo a [Nome da Clínica Médica] a utilizar minha imagem em materiais promocionais, educativos e de divulgação relacionados aos serviços oferecidos pela clínica.

Entendo que minha imagem poderá ser utilizada em publicações impressas, digitais, em redes sociais, website da clínica, entre outros meios de comunicação, e concordo com o uso não remunerado da mesma.

Declaro que estou ciente de que posso revogar este consentimento a qualquer momento, mediante solicitação por escrito à clínica.

Data: [Inserir Data]

Assinatura: _____

POLÍTICA DE SEGURANÇA DA INFORMAÇÃO

[Nome da Clínica Médica]

Política de Segurança da Informação

Data de Revisão: [Inserir Data]

Data de Efeito: [Inserir Data]

Esta Política de Segurança da Informação descreve as medidas adotadas pela [Nome da Clínica Médica] para proteger a confidencialidade, integridade e disponibilidade dos dados pessoais dos pacientes, em conformidade com a Lei Geral de Proteção de Dados (LGPD).

1. Controles de Acesso:

- Descreva os controles de acesso físico e lógico implementados para limitar o acesso aos dados pessoais apenas a funcionários autorizados.

2. Proteção de Dados:

- Detalhe as medidas de proteção de dados adotadas, incluindo criptografia, backups regulares, firewall, entre outros.

3. Treinamento de Funcionários:

- Explique os programas de treinamento e conscientização em segurança da informação oferecidos aos funcionários da clínica.

4. Monitoramento e Auditoria:

- Descreva os procedimentos de monitoramento e auditoria utilizados para detectar e responder a incidentes de segurança da informação.

5. Gerenciamento de Incidentes:

- Indique os procedimentos a serem seguidos em caso de identificação de um incidente de segurança da informação, incluindo notificação às autoridades competentes e aos titulares dos dados afetados.

6. Atualização da Política:

- Estabeleça as diretrizes para revisão e atualização periódica desta Política de Segurança da Informação.

Ao utilizar os serviços da [Nome da Clínica Médica], você concorda em cumprir as medidas de segurança da informação descritas nesta política. Se tiver alguma dúvida ou preocupação em relação à segurança de suas informações pessoais, entre em contato conosco.

[Assinatura do Responsável Legal da Clínica Médica]

Estes modelos de documentos são essenciais para garantir a conformidade com a LGPD e devem ser adaptados de acordo com as necessidades específicas da clínica médica. Recomenda-se revisá-los regularmente para garantir que estejam alinhados com as práticas e regulamentações atuais.

TERMO DE CONSENTIMENTO PARA COMPARTILHAMENTO DE DADOS ENTRE PROFISSIONAIS DE SAÚDE

[Nome da Clínica Médica]

Termo de Consentimento para Compartilhamento de Dados entre Profissionais de Saúde

Eu, [Nome do Paciente], portador do CPF nº [Número do CPF], autorizo a [Nome da Clínica Médica] a compartilhar minhas informações médicas com outros profissionais de saúde envolvidos em meu tratamento, conforme necessário para a continuidade dos cuidados médicos.

Entendo que o compartilhamento de dados pode incluir informações sobre meu histórico médico, resultados de exames, diagnósticos e planos de tratamento, e concordo com a troca de informações entre os profissionais de saúde designados pela clínica.

Declaro estar ciente dos riscos e benefícios associados ao compartilhamento de dados entre profissionais de saúde e concordo em fornecer meu consentimento para esse fim.

Data: [Inserir Data]

Assinatura: _____

TERMO DE CONSENTIMENTO PARA TELEMEDICINA

[Nome da Clínica Médica]

Termo de Consentimento para Telemedicina

Eu, [Nome do Paciente], portador do CPF nº [Número do CPF], autorizo a [Nome da Clínica Médica] a realizar consultas e tratamentos médicos por meio de telemedicina, utilizando tecnologias de comunicação e informação.

Entendo que a telemedicina envolve a transmissão eletrônica de informações médicas e concordo em participar de consultas virtuais, enviar e receber dados médicos por meio de plataformas online ou aplicativos móveis.

Declaro estar ciente dos benefícios e limitações da telemedicina, incluindo possíveis riscos de segurança e privacidade, e concordo em fornecer meu consentimento para o uso dessa modalidade de atendimento médico.

Data: [Inserir Data]

Assinatura: _____

Estes modelos de documentos são essenciais para garantir que a clínica médica esteja em conformidade com as regulamentações da LGPD e outros requisitos legais aplicáveis. Recomenda-se revisar e adaptar os documentos de acordo com as práticas e políticas específicas da clínica, bem como para refletir quaisquer alterações na legislação ou regulamentações pertinentes.

TERMO DE CONSENTIMENTO PARA USO DE DADOS EM PESQUISAS CIENTÍFICAS

[Nome da Clínica Médica]

Termo de Consentimento para Uso de Dados em Pesquisas Científicas

Eu, [Nome do Paciente], portador do CPF nº [Número do CPF], autorizo a [Nome da Clínica Médica] a utilizar meus dados pessoais e informações médicas em pesquisas científicas, desde que os dados sejam anonimizados e utilizados de forma agregada.

Entendo que minha identidade será mantida em sigilo e que os resultados das pesquisas poderão ser publicados ou compartilhados para fins científicos, acadêmicos ou de saúde pública.

Declaro estar ciente dos objetivos da pesquisa, dos procedimentos envolvidos e concordo voluntariamente em participar como contribuinte de dados para fins de pesquisa científica.

Data: [Inserir Data]

Assinatura: _____

POLÍTICA DE RETENÇÃO E DESCARTE DE DADOS

[Nome da Clínica Médica]

Política de Retenção e Descarte de Dados

Data de Revisão: [Inserir Data]

Data de Efeito: [Inserir Data]

Esta Política de Retenção e Descarte de Dados estabelece os procedimentos para a retenção e descarte de dados pessoais coletados e processados pela [Nome da Clínica Médica], em conformidade com as disposições da Lei Geral de Proteção de Dados (LGPD).

1. Retenção de Dados:

- Descreva os períodos de retenção para diferentes categorias de dados pessoais, levando em consideração obrigações legais, finalidades de tratamento e necessidades operacionais da clínica.

2. Descarte de Dados:

- Detalhe os métodos de descarte seguro e permanente de dados pessoais, incluindo a eliminação física e a exclusão de registros eletrônicos, de acordo com as melhores práticas de segurança da informação.

3. Revisão Periódica:

- Estabeleça procedimentos para revisão periódica dos dados armazenados pela clínica, com o objetivo de identificar informações obsoletas ou desnecessárias para descarte.

4. Responsabilidade pelo Cumprimento:

- Atribua responsabilidades claras aos funcionários da clínica para garantir o cumprimento desta política e para assegurar que os dados pessoais sejam retidos e descartados de maneira adequada.

Ao utilizar os serviços da [Nome da Clínica Médica], você concorda em cumprir as disposições desta Política de Retenção e Descarte de Dados. Se tiver alguma dúvida ou preocupação em relação à retenção ou descarte de seus dados pessoais, entre em contato conosco.

[Assinatura do Responsável Legal da Clínica Médica]

Estes modelos de documentos complementam a conformidade da clínica médica com a LGPD, fornecendo orientações claras sobre o tratamento, retenção e descarte adequados de dados pessoais dos pacientes. Certifique-se de revisar e adaptar esses documentos conforme necessário para atender às necessidades específicas da clínica e às exigências legais vigentes.

TERMO DE CONSENTIMENTO PARA UTILIZAÇÃO DE COOKIES

[Nome da Clínica Médica]

Termo de Consentimento para Utilização de Cookies

Eu, [Nome do Usuário], ao utilizar o site da [Nome da Clínica Médica], concordo com a utilização de cookies e outras tecnologias de rastreamento para melhorar a minha experiência de navegação e personalizar o conteúdo oferecido.

Entendo que os cookies são pequenos arquivos de texto armazenados em meu dispositivo quando acesso o site da clínica, e que podem ser utilizados para coletar informações sobre minhas preferências de navegação e interações com o site.

Declaro estar ciente de que posso gerenciar minhas preferências de cookies a qualquer momento, alterando as configurações do meu navegador ou dispositivo.

Data: [Inserir Data]

Assinatura: _____

POLÍTICA DE COOKIES

[Nome da Clínica Médica]

Política de Cookies

Data de Revisão: [Inserir Data]

Data de Efeito: [Inserir Data]

Esta Política de Cookies descreve como a [Nome da Clínica Médica] utiliza cookies e outras tecnologias de rastreamento em seu site, em conformidade com a legislação aplicável, incluindo a Lei Geral de Proteção de Dados (LGPD).

1. O que são Cookies:

  - Explique o que são cookies, como funcionam e os diferentes tipos de cookies utilizados pela clínica (cookies de sessão, cookies persistentes, cookies de terceiros, etc.).

2. Como Utilizamos os Cookies:

  - Descreva os propósitos para os quais os cookies são utilizados pela clínica (análise de tráfego, personalização de conteúdo, publicidade direcionada, etc.).

3. Consentimento do Usuário:

  - Informe sobre a obtenção de consentimento prévio do usuário para a utilização de cookies, bem como sobre a possibilidade de gerenciar as preferências de cookies.

4. Tipos de Cookies Utilizados:

- Liste os cookies específicos utilizados pelo site da clínica, incluindo seu nome, finalidade, duração e se são cookies próprios ou de terceiros.

5. Gerenciamento de Cookies:

- Forneça orientações sobre como o usuário pode gerenciar suas preferências de cookies, incluindo a opção de aceitar, recusar ou excluir cookies através das configurações do navegador.

Ao continuar a utilizar o site da [Nome da Clínica Médica], você concorda com o uso de cookies de acordo com esta Política de Cookies. Se tiver alguma dúvida ou preocupação em relação ao uso de cookies, entre em contato conosco.

[Assinatura do Responsável Legal da Clínica Médica]

Estes modelos de documentos abordam a conformidade da clínica médica com as regulamentações sobre o uso de cookies e outras tecnologias de rastreamento, garantindo transparência e consentimento adequado dos usuários do site. Certifique-se de revisar e personalizar esses documentos de acordo com as práticas específicas da clínica e as exigências legais vigentes.

TERMO DE CONSENTIMENTO PARA MARKETING DIRETO

[Nome da Clínica Médica]

Termo de Consentimento para Marketing Direto

Eu, [Nome do Paciente], portador do CPF n° [Número do CPF], autorizo a [Nome da Clínica Médica] a utilizar minhas informações de contato, como nome, endereço de e-mail e número de telefone, para o envio de comunicações de marketing direto relacionadas aos serviços e produtos oferecidos pela clínica.

Entendo que as comunicações de marketing direto podem incluir informações sobre novos tratamentos médicos, serviços de saúde, campanhas promocionais e eventos organizados pela clínica.

Declaro estar ciente de que tenho o direito de revogar este consentimento a qualquer momento, optando por não receber mais comunicações de marketing direto, mediante solicitação por escrito à clínica.

Data: [Inserir Data]

Assinatura: _____

POLÍTICA DE MARKETING DIRETO

[Nome da Clínica Médica]

Política de Marketing Direto

Data de Revisão: [Inserir Data]

Data de Efeito: [Inserir Data]

Esta Política de Marketing Direto estabelece as diretrizes para o uso das informações de contato dos pacientes pela [Nome da Clínica Médica] para fins de marketing direto, em conformidade com a legislação aplicável, incluindo a Lei Geral de Proteção de Dados (LGPD).

1. Consentimento do Paciente:

   - Descreva os requisitos para obtenção de consentimento válido dos pacientes para o envio de comunicações de marketing direto, incluindo a necessidade de consentimento expresso e específico.

2. Tipos de Comunicações de Marketing Direto:

   - Liste os tipos de comunicações de marketing direto que podem ser enviadas aos pacientes, como newsletters, promoções, convites para eventos, entre outros.

3. Direito de Revogação do Consentimento:

- Informe sobre o direito dos pacientes de revogar seu consentimento para o recebimento de comunicações de marketing direto a qualquer momento, e os procedimentos para exercer esse direito.

4. Frequência e Personalização:

- Estabeleça as práticas da clínica em relação à frequência de envio das comunicações de marketing direto e à personalização do conteúdo de acordo com as preferências dos pacientes.

Ao fornecer suas informações de contato à [Nome da Clínica Médica], você concorda com o recebimento de comunicações de marketing direto de acordo com esta Política de Marketing Direto. Se tiver alguma dúvida ou preocupação em relação ao uso de suas informações para fins de marketing, entre em contato conosco.

[Assinatura do Responsável Legal da Clínica Médica]

Estes modelos de documentos abordam a conformidade da clínica médica com as regulamentações sobre o uso de informações de contato dos pacientes para fins de marketing direto, garantindo transparência, consentimento adequado e respeito às preferências dos pacientes. Certifique-se de revisar e personalizar esses documentos de acordo com as práticas específicas da clínica e as exigências legais vigentes.

TERMO DE CONSENTIMENTO PARA TRANSFERÊNCIA INTERNACIONAL DE DADOS

[Nome da Clínica Médica]

Termo de Consentimento para Transferência Internacional de Dados

Eu, [Nome do Paciente], portador do CPF nº [Número do CPF], autorizo a [Nome da Clínica Médica] a transferir meus dados pessoais para países estrangeiros, quando necessário para o fornecimento de serviços médicos ou tratamentos específicos.

Entendo que a transferência internacional de dados pode envolver países que possuem leis de proteção de dados diferentes das do meu país de residência, e concordo com a transferência de meus dados pessoais sob essas circunstâncias.

Declaro estar ciente dos riscos associados à transferência internacional de dados e concordo em fornecer meu consentimento expresso para esse fim.

Data: [Inserir Data]

Assinatura: _____

POLÍTICA DE TRANSFERÊNCIA INTERNACIONAL DE DADOS

[Nome da Clínica Médica]

Política de Transferência Internacional de Dados

Data de Revisão: [Inserir Data]

Data de Efeito: [Inserir Data]

Esta Política de Transferência Internacional de Dados estabelece as diretrizes para a transferência de dados pessoais para países estrangeiros pela [Nome da Clínica Médica], em conformidade com a legislação aplicável, incluindo a Lei Geral de Proteção de Dados (LGPD).

1. Base Legal para Transferência:

- Descreva as bases legais que permitem a transferência internacional de dados, como o consentimento do titular dos dados, a execução de um contrato, o cumprimento de obrigação legal, entre outras.

2. Países Destinatários:

- Liste os países ou regiões para os quais os dados pessoais dos pacientes podem ser transferidos e as medidas de segurança adotadas para proteger os dados durante a transferência.

3. Garantias de Proteção de Dados:

- Explique as garantias adicionais implementadas pela clínica para garantir a proteção adequada dos dados pessoais transferidos para países estrangeiros, como cláusulas contratuais padrão, normas corporativas vinculativas, entre outras.

4. Informações aos Titulares dos Dados:

- Informe os pacientes sobre a possibilidade de transferência internacional de seus dados pessoais e os riscos associados, garantindo transparência e consentimento adequado.

Ao utilizar os serviços da [Nome da Clínica Médica], você concorda com a transferência internacional de seus dados pessoais de acordo com esta Política de Transferência Internacional de Dados. Se tiver alguma dúvida ou preocupação em relação à transferência de seus dados pessoais para países estrangeiros, entre em contato conosco.

[Assinatura do Responsável Legal da Clínica Médica]

Estes modelos de documentos fornecem diretrizes claras e transparentes para a transferência internacional de dados pessoais pela clínica médica, garantindo conformidade com as regulamentações aplicáveis e proteção adequada dos dados dos pacientes. Certifique-se de revisar e personalizar esses documentos de acordo com as práticas específicas da clínica e as exigências legais vigentes.

TERMO DE CONSENTIMENTO PARA USO DE REDES SOCIAIS

[Nome da Clínica Médica]

Termo de Consentimento para Uso de Redes Sociais

Eu, [Nome do Paciente], portador do CPF nº [Número do CPF], autorizo a [Nome da Clínica Médica] a utilizar e compartilhar informações sobre meu tratamento médico em suas redes sociais, como Facebook, Instagram, Twitter, entre outras.

Entendo que as informações compartilhadas podem incluir fotos, vídeos, depoimentos ou outros conteúdos relacionados ao meu tratamento, e concordo com sua divulgação nas redes sociais da clínica.

Declaro estar ciente de que tenho o direito de revogar este consentimento a qualquer momento, mediante solicitação por escrito à clínica.

Data: [Inserir Data]

Assinatura: _____

POLÍTICA DE USO DE REDES SOCIAIS

[Nome da Clínica Médica]

Política de Uso de Redes Sociais

Data de Revisão: [Inserir Data]

Data de Efeito: [Inserir Data]

Esta Política de Uso de Redes Sociais estabelece as diretrizes para a utilização das redes sociais pela [Nome da Clínica Médica], em conformidade com a legislação aplicável, incluindo a Lei Geral de Proteção de Dados (LGPD).

1. Propósito da Utilização:

- Descreva os objetivos da presença da clínica em redes sociais, como fornecer informações sobre serviços médicos, promover a saúde, compartilhar conteúdo educativo, entre outros.

2. Consentimento do Paciente:

- Informe sobre a obtenção de consentimento prévio dos pacientes para o uso e compartilhamento de informações relacionadas ao seu tratamento em redes sociais da clínica.

3. Privacidade e Confidencialidade:

- Estabeleça as medidas para proteger a privacidade e confidencialidade das informações dos pacientes compartilhadas nas redes sociais, evitando a divulgação de dados sensíveis ou identificadores pessoais.

4. Direitos dos Pacientes:

- Informe aos pacientes sobre seus direitos em relação ao uso de suas informações em redes sociais, incluindo o direito de revogar o consentimento e solicitar a remoção de conteúdo.

Ao interagir com as redes sociais da [Nome da Clínica Médica], você concorda com os termos desta Política de Uso de Redes Sociais. Se tiver alguma dúvida ou preocupação em relação ao uso de suas informações em redes sociais, entre em contato conosco.

[Assinatura do Responsável Legal da Clínica Médica]

Estes modelos de documentos fornecem orientações claras sobre o uso de redes sociais pela clínica médica, garantindo conformidade com as regulamentações aplicáveis e proteção adequada das informações dos pacientes. Certifique-se de revisar e personalizar esses documentos de acordo com as práticas específicas da clínica e as exigências legais vigentes.

TERMO DE CONSENTIMENTO PARA GRAVAÇÃO DE ATENDIMENTOS

[Nome da Clínica Médica]

Termo de Consentimento para Gravação de Atendimentos

Eu, [Nome do Paciente], portador do CPF nº [Número do CPF], autorizo a [Nome da Clínica Médica] a gravar as consultas médicas e outros atendimentos relacionados ao meu tratamento.

Entendo que as gravações serão utilizadas apenas para fins de documentação, revisão e melhoria da qualidade do atendimento, e que serão tratadas com confidencialidade pela clínica.

Declaro estar ciente de que tenho o direito de revogar este consentimento a qualquer momento, mediante solicitação por escrito à clínica.

Data: [Inserir Data]

Assinatura: _____

POLÍTICA DE GRAVAÇÃO DE ATENDIMENTOS

[Nome da Clínica Médica]

Política de Gravação de Atendimentos

Data de Revisão: [Inserir Data]

Data de Efeito: [Inserir Data]

Esta Política de Gravação de Atendimentos estabelece as diretrizes para a gravação de consultas médicas e outros atendimentos pela [Nome da Clínica Médica], em conformidade com a legislação aplicável e as melhores práticas de privacidade.

1. Objetivo da Gravação:

- Descreva os objetivos da gravação de atendimentos, como documentação médica, revisão de casos, treinamento de equipe e melhoria da qualidade do atendimento.

2. Consentimento do Paciente:

- Informe sobre a obtenção de consentimento prévio dos pacientes para a gravação de consultas médicas e atendimentos relacionados ao seu tratamento.

3. Armazenamento e Acesso:

- Estabeleça os procedimentos para o armazenamento seguro das gravações, incluindo restrições de acesso e medidas de segurança para proteger a confidencialidade dos dados.

4. Retenção e Descarte:

- Defina os períodos de retenção das gravações e os procedimentos para seu descarte seguro após o término do prazo de retenção.

Ao concordar com esta Política de Gravação de Atendimentos, você autoriza a [Nome da Clínica Médica] a gravar suas consultas médicas e outros atendimentos relacionados ao seu tratamento, conforme descrito acima.

[Assinatura do Responsável Legal da Clínica Médica]

Esses modelos de documentos estabelecem diretrizes claras para a gravação de atendimentos na clínica médica, garantindo conformidade com as regulamentações aplicáveis e proteção adequada das informações dos pacientes. Certifique-se de revisar e personalizar esses documentos de acordo com as práticas específicas da clínica e as exigências legais vigentes.

TERMO DE CONSENTIMENTO PARA USO DE TECNOLOGIAS DE RASTREAMENTO EM AMBIENTES FÍSICOS

[Nome da Clínica Médica]

Termo de Consentimento para Uso de Tecnologias de Rastreamento em Ambientes Físicos

Eu, [Nome do Paciente], portador do CPF nº [Número do CPF], autorizo a [Nome da Clínica Médica] a utilizar tecnologias de rastreamento, como câmeras de vigilância e dispositivos de monitoramento de acesso, em suas instalações físicas.

Entendo que essas tecnologias são utilizadas para garantir a segurança das instalações, prevenir e investigar incidentes de segurança, e proteger a integridade dos pacientes, funcionários e visitantes da clínica.

Declaro estar ciente de que as imagens e dados coletados por meio dessas tecnologias podem ser utilizados para os fins mencionados acima, e concordo com seu uso enquanto estiver nas instalações da clínica.

Data: [Inserir Data]

Assinatura: _____

POLÍTICA DE USO DE TECNOLOGIAS DE RASTREAMENTO EM AMBIENTES FÍSICOS

[Nome da Clínica Médica]

Política de Uso de Tecnologias de Rastreamento em Ambientes Físicos

Data de Revisão: [Inserir Data]

Data de Efeito: [Inserir Data]

Esta Política de Uso de Tecnologias de Rastreamento em Ambientes Físicos estabelece as diretrizes para o uso de câmeras de vigilância, dispositivos de monitoramento de acesso e outras tecnologias de rastreamento pela [Nome da Clínica Médica], em conformidade com a legislação aplicável e as melhores práticas de segurança.

1. Finalidade do Uso:

- Descreva os propósitos para os quais as tecnologias de rastreamento serão utilizadas, como segurança das instalações, prevenção de incidentes e proteção dos pacientes e funcionários.

2. Localização das Tecnologias:

- Identifique as áreas específicas das instalações da clínica onde as câmeras de vigilância e outros dispositivos de rastreamento serão instalados, garantindo transparência e informando os indivíduos afetados.

3. Consentimento dos Indivíduos:

- Informe sobre a obtenção de consentimento prévio dos indivíduos afetados pelo uso das tecnologias de rastreamento, quando exigido pela legislação aplicável.

4. Retenção e Proteção dos Dados:

- Estabeleça os procedimentos para o armazenamento seguro das imagens e dados coletados, bem como para a proteção da privacidade e confidencialidade dos indivíduos registrados.

Ao utilizar as instalações da [Nome da Clínica Médica], você concorda com o uso de tecnologias de rastreamento em conformidade com esta Política de Uso de Tecnologias de Rastreamento em Ambientes Físicos.

[Assinatura do Responsável Legal da Clínica Médica]

Estes modelos de documentos fornecem orientações claras para o uso de tecnologias de rastreamento em ambientes físicos pela clínica médica, garantindo conformidade com as regulamentações aplicáveis e proteção adequada da privacidade dos indivíduos. Certifique-se de revisar e personalizar esses documentos de acordo com as práticas específicas da clínica e as exigências legais vigentes.

TERMO DE CONSENTIMENTO PARA USO DE DADOS PARA FINS DE PESQUISA DE SATISFAÇÃO

[Nome da Clínica Médica]

Termo de Consentimento para Uso de Dados para Fins de Pesquisa de Satisfação

Eu, [Nome do Paciente], portador do CPF nº [Número do CPF], autorizo a [Nome da Clínica Médica] a utilizar meus dados pessoais para realizar pesquisas de satisfação relacionadas aos serviços prestados pela clínica.

Entendo que as informações fornecidas serão utilizadas exclusivamente para avaliar a qualidade dos serviços, identificar áreas de melhoria e garantir a satisfação dos pacientes.

Declaro estar ciente de que minha identidade será mantida em sigilo e que meus dados serão tratados de forma confidencial pela clínica.

Data: [Inserir Data]

Assinatura: _____

POLÍTICA DE PESQUISA DE SATISFAÇÃO

[Nome da Clínica Médica]

Política de Pesquisa de Satisfação

Data de Revisão: [Inserir Data]

Data de Efeito: [Inserir Data]

Esta Política de Pesquisa de Satisfação estabelece as diretrizes para a realização de pesquisas de satisfação pela [Nome da Clínica Médica], em conformidade com a legislação aplicável e as melhores práticas de privacidade.

1. Objetivo da Pesquisa:

- Descreva os objetivos das pesquisas de satisfação, como avaliar a qualidade dos serviços, identificar áreas de melhoria e promover a satisfação dos pacientes.

2. Coleta e Tratamento de Dados:

- Explique como os dados pessoais dos pacientes serão coletados, armazenados, processados e protegidos durante a realização das pesquisas de satisfação.

3. Consentimento dos Pacientes:

- Informe sobre a obtenção de consentimento prévio dos pacientes para o uso de seus dados pessoais em pesquisas de satisfação, garantindo transparência e respeito à privacidade.

4. Anonimização dos Dados:

- Estabeleça procedimentos para anonimizar os dados dos pacientes sempre que possível, garantindo que as respostas das pesquisas não possam ser atribuídas a indivíduos específicos.

Ao participar das pesquisas de satisfação realizadas pela [Nome da Clínica Médica], você concorda com o uso de seus dados pessoais de acordo com esta Política de Pesquisa de Satisfação.

[Assinatura do Responsável Legal da Clínica Médica]

Estes modelos de documentos fornecem diretrizes claras para a realização de pesquisas de satisfação pela clínica médica, garantindo conformidade com as regulamentações aplicáveis e proteção adequada da privacidade dos pacientes. Certifique-se de revisar e personalizar esses documentos de acordo com as práticas específicas da clínica e as exigências legais vigentes.

CONTRATO DE PRESTAÇÃO DE SERVIÇOS

Este documento deve ser utilizado pela clínica para estabelecer as obrigações do prestador de serviços em relação à proteção de dados pessoais. O contrato deve incluir cláusulas específicas sobre a proteção de dados pessoais, como a obrigação de adotar medidas de segurança adequadas e a proibição de compartilhar os dados pessoais com terceiros sem autorização prévia do condomínio.

CONTRATO DE PRESTAÇÃO DE SERVIÇOS PARA TRATAMENTO DE DADOS PESSOAIS EM CONFORMIDADE COM A LGPD

**1. Partes: **

**1.1. Contratante: **
Nome: clínica XYZ
CNPJ: [CNPJ da clinica]
Endereço: [Endereço da clinica]

**1.2. Contratada: **
Nome da Empresa Prestadora de Serviços: [Nome da Empresa]
CNPJ: [CNPJ da Empresa]
Endereço: [Endereço da Empresa]

**2. Objeto do Contrato: **

2.3. A Contratada prestará serviços relacionados à [descrição detalhada dos serviços prestados, incluindo o tratamento de dados pessoais], de acordo com as especificações constantes neste contrato e seus anexos.

2.2. A Contratada se compromete a cumprir todas as normas e regulamentações aplicáveis, incluindo a Lei Geral de Proteção de Dados (LGPD), no que se refere ao tratamento de dados pessoais durante a execução dos serviços.

**3. Tratamento de Dados Pessoais: **

3.1. A Contratada declara estar ciente de que, para o cumprimento de suas obrigações contratuais, poderá ter acesso e tratar dados pessoais dos condôminos, visitantes, funcionários ou prestadores de serviços do Contratante.

3.2. A Contratada compromete-se a tratar os dados pessoais de acordo com as instruções do Contratante e em conformidade com a LGPD, não podendo utilizá-los para finalidades diferentes daquelas acordadas neste contrato, sem prévia autorização por escrito.

3.3. A Contratada implementará medidas de segurança adequadas para proteger os dados pessoais contra acessos não autorizados ou situações de vazamento, assegurando a confidencialidade, integridade e disponibilidade dessas informações.

**4. Responsabilidades da Contratada: **

4.1. A Contratada se compromete a designar um Encarregado de Proteção de Dados (DPO) para atuar como ponto de contato para assuntos relacionados à proteção de dados pessoais, conforme exigido pela LGPD.

4.2. A Contratada deverá informar prontamente o Contratante sobre qualquer incidente de segurança que possa impactar os dados pessoais, adotando as medidas necessárias para mitigar os danos e garantir a conformidade com a legislação vigente.

**5. Prazo e Vigência: **

5.1. O presente contrato terá início na data de assinatura e vigorará até o término dos serviços, conforme acordado entre as partes.

**6. Rescisão: **

6.1. Este contrato poderá ser rescindido a qualquer momento, mediante acordo mútuo das partes ou em caso de descumprimento das cláusulas estabelecidas, mediante notificação prévia com prazo de [inserir prazo].

**7. Disposições Gerais: **

7.1. O presente contrato constitui o entendimento integral entre as partes, substituindo qualquer entendimento ou acordo anterior.

7.2. Quaisquer alterações ou aditamentos a este contrato deverão ser feitos por escrito e assinados por ambas as partes.

7.3. Este contrato será regido pelas leis brasileiras e qualquer disputa decorrente do mesmo será submetida à jurisdição do foro da cidade de [cidade do Contratante].

**Local e Data: **

Contratante:
Nome:
Cargo:
Assinatura:

Contratada:
Nome:
Cargo:
Assinatura:

POLÍTICA DE SEGURANÇA DA INFORMAÇÃO PARA PROTEÇÃO DE DADOS PESSOAIS NA CLÍNICA

Política de Segurança da Informação: Este documento deve ser elaborado pela clínica para estabelecer as medidas de segurança que serão adotadas para proteger os dados pessoais. A política de segurança da informação deve incluir medidas técnicas e organizacionais, como a criptografia de dados, o controle de acesso aos dados pessoais e a realização de backups periódicos.

POLÍTICA DE SEGURANÇA DA INFORMAÇÃO PARA PROTEÇÃO DE DADOS PESSOAIS NA clínica XYZ

1. Introdução

Esta Política de Segurança da Informação (PSI) tem como objetivo estabelecer diretrizes e medidas para garantir a segurança e proteção dos dados pessoais de moradores, visitantes, prestadores de serviços e funcionários, em conformidade com a Lei Geral de Proteção de Dados (LGPD). A segurança da informação é fundamental para a integridade, confidencialidade e disponibilidade dos dados.

2. Escopo

Esta PSI aplica-se a todos os colaboradores, prestadores de serviços e demais envolvidos no tratamento de dados pessoais no âmbito do condomínio XYZ.

3. Princípios da Segurança da Informação

A segurança da informação será baseada nos seguintes princípios:

3.1. **Confidencialidade: **

Assegurar que os dados pessoais sejam acessíveis apenas para pessoas autorizadas, preservando sua confidencialidade.

3.2. **Integridade: **

Garantir que os dados pessoais sejam precisos, íntegros e protegidos contra alterações não autorizadas.

3.3. **Disponibilidade: **

Garantir que os dados pessoais estejam disponíveis quando necessários para os fins para os quais foram coletados e autorizados.

4. Responsabilidades e Papéis

4.1. **Encarregado de Proteção de Dados (DPO): **
- Designar um DPO responsável por garantir o cumprimento das políticas de segurança e monitorar o tratamento dos dados pessoais.

4.2. **Colaboradores: **

- Cumprir as políticas de segurança da informação e seguir as práticas estabelecidas para o tratamento de dados pessoais.

5. Medidas de Segurança

5.1. **Acesso Controlado: **

- Estabelecer controles de acesso aos dados pessoais, garantindo que apenas pessoas autorizadas possam acessá-los.

5.2. **Criptografia de Dados: **

- Utilizar criptografia para proteger os dados pessoais durante o armazenamento e transmissão.

5.3. **Monitoramento de Sistemas: **

- Implementar sistemas de monitoramento para detectar e prevenir possíveis incidentes de segurança.

5.4. **Treinamento e Conscientização: **

- Realizar treinamentos regulares para conscientizar os colaboradores sobre a importância da segurança da informação e as práticas adequadas para o tratamento de dados pessoais.

5.5. **Backup de Dados: **

- Realizar backups periódicos dos dados pessoais para garantir sua disponibilidade em caso de falhas ou incidentes.

6. Incidentes de Segurança

6.1. **Notificação de Incidentes: **

- Estabelecer procedimentos claros para notificar incidentes de segurança à equipe responsável, permitindo a ação imediata para mitigar possíveis danos.

6.2. **Análise e Aprendizado: **

- Realizar análises pós-incidentes para identificar falhas e implementar melhorias na segurança da informação.

****7. Revisão e Atualização****

Esta Política de Segurança da Informação será revisada periodicamente e atualizada conforme necessário para garantir a eficácia e conformidade com as regulamentações aplicáveis.

****Data de Vigência: ****

A presente PSI entra em vigor a partir da data de sua aprovação.

****Assinatura do Responsável: ****

Nome:
Cargo:
Assinatura:
****Aprovação da Administração: ****

Nome:
Cargo:
Assinatura:

PROCEDIMENTO DE RESPOSTA A INCIDENTES

Este documento deve ser elaborado pela clínica para estabelecer os procedimentos que serão adotados em caso de vazamento de dados pessoais. O procedimento de resposta a incidentes deve incluir a identificação do incidente, a notificação dos titulares dos dados e das autoridades competentes, a investigação das causas do incidente e a adoção de medidas para evitar a ocorrência de novos incidentes.

PROCEDIMENTO DE RESPOSTA A INCIDENTES

PROCEDIMENTO DE RESPOSTA A INCIDENTES PARA CLÍNICAS

1. Introdução

Este Procedimento de Resposta a Incidentes tem como objetivo estabelecer diretrizes e ações a serem tomadas em caso de incidentes de segurança da informação no âmbito da clínica XYZ. A pronta identificação e resposta a incidentes são fundamentais para mitigar possíveis danos e garantir a segurança dos dados pessoais.

2. Definições

2.1. **Incidente de Segurança: **
Qualquer evento que comprometa a confidencialidade, integridade ou disponibilidade dos dados pessoais, podendo resultar em danos ao condomínio ou aos titulares dos dados.

2.2. **Equipe de Resposta a Incidentes (ERI):**

Grupo designado para coordenar a resposta a incidentes de segurança, composto por membros com funções e responsabilidades definidas.

3. Classificação de Incidentes

3.1. **Níveis de Classificação: **

- Nível 1: Incidente de baixa gravidade, com potencial mínimo de dano.

- Nível 2: Incidente moderado, com potencial de dano moderado aos dados e operações do condomínio.

- Nível 3: Incidente grave, com potencial significativo de dano aos dados e operações do condomínio.

4. Procedimentos de Resposta

4.1. **Identificação e Avaliação: **

- Identificar e classificar o incidente de acordo com os níveis definidos.

- Avaliar o impacto e o escopo do incidente nos dados pessoais e nas operações do condomínio.

4.2. **Notificação e Comunicação: **

- Notificar imediatamente a Equipe de Resposta a Incidentes (ERI) sobre o incidente.

- Comunicar a administração e demais partes interessadas conforme a gravidade do incidente.

4.3. **Isolamento e Contenção: **

- Isolar a área afetada para evitar a propagação do incidente.

- Tomar medidas para conter e minimizar o impacto do incidente.

4.4. **Investigação e Análise: **

- Realizar uma investigação detalhada para determinar a origem e as causas do incidente.
- Coletar evidências e documentar as descobertas da investigação.

4.5. **Recuperação e Restauração: **

- Restaurar os sistemas, dados e funcionalidades afetados ao estado normal de operação.
- Verificar se os sistemas estão livres de ameaças e vulnerabilidades.

4.6. **Aprendizado e Melhoria: **
- Realizar uma análise pós-incidente para identificar lições aprendidas e oportunidades de melhoria.

- Atualizar políticas, procedimentos e medidas de segurança com base nas conclusões da análise pós-incidente.

5. Responsabilidades

5.1. **Equipe de Resposta a Incidentes (ERI):**

- Coordenar a resposta a incidentes e executar os procedimentos definidos neste documento.
- Comunicar as autoridades e partes interessadas, conforme necessário.

5.2. **Colaboradores: **

- Reportar qualquer suspeita ou incidente de segurança à ERI imediatamente.
- Colaborar com a ERI durante a investigação e resposta ao incidente.

6. Revisão e Atualização

Este Procedimento de Resposta a Incidentes será revisado e atualizado conforme necessário para garantir sua eficácia e alinhamento com as regulamentações vigentes.

**Data de Vigência: **

O presente Procedimento de Resposta a Incidentes entra em vigor a partir da data de sua aprovação.

**Assinatura do Responsável: **

Nome:

Cargo:

Assinatura:

Além dos modelos de documentos mencionados anteriormente, é importante lembrar que a adequação à LGPD é um processo contínuo e que envolve a adoção de medidas técnicas e organizacionais para garantir a proteção dos dados pessoais. Algumas outras medidas que podem ser adotadas pelos condomínios incluem:

1. Realização de treinamentos: É importante que os funcionários e prestadores de serviços do condomínio sejam treinados sobre a LGPD e as medidas de segurança que devem ser adotadas para proteger os dados pessoais.

2. Revisão de contratos: A clínica deve revisar os contratos com fornecedores e prestadores de serviços para garantir que eles estejam em conformidade com a LGPD.

3. Avaliação de riscos: A clínica deve realizar uma avaliação de riscos para identificar as vulnerabilidades em relação à proteção de dados pessoais e adotar medidas para mitigar esses riscos.

4. Monitoramento contínuo: A clínica deve monitorar continuamente o tratamento de dados pessoais para garantir que ele esteja em conformidade com a LGPD e adotar medidas corretivas em caso de não conformidade.

Lembre-se de que a LGPD é uma legislação importante e que deve ser levada a sério pelos condomínios. A adoção de medidas de proteção de dados pessoais não só garante o cumprimento da lei, mas também ajuda a construir a confiança dos Alunos, Responsáveis, Visitantes, Prestadores de Serviços e colaboradores em relação a Escola

REFERÊNCIAS BIBLIOGRAFICAS

ASSOCIAÇÃO BRASILEIRA DE NORMAS TÉCNICAS (ABNT). *NBR ISO/IEC 27001:2005,2005.*

ASSOCIAÇÃO BRASILEIRA DE NORMAS TÉCNICAS (ABNT). *NBR ISO/IEC 27037:2013,2013.*

BARROSO, Luís Roberto. **Curso de Direito Constitucional Contemporâneo:** Os Conceitos Fundamentais e a Construção do Novo Modelo. 2ª Edição, Editora Saraiva, 2010.

BONNA, Alexandre Pereira. **Dados Pessoais, Identidade Virtual e a Projeção da Personalidade: "Profiling", Estigmatização e Responsabilidade Civil.** In: Martins, Guilherme Magalhães; Rosenvald, Nelson. (Coord.). Responsabilidade Civil e Novas Tecnologias. Indaiatuba, SP. Editora Foco, 2020.

BLUM, Renato Opice; VAINZOF, Rony. Proteção de Dados Pessoais: A Lei Geral de Proteção de Dados (LGPD) e seus Impactos. Editora: Migalhas 2021.

BRASIL. Constituição. Constituição da República Federativa do Brasil. Brasília*: Senado Federal: Centro Gráfico, 1988.*

BRASIL. Lei 8.078 de 11 de setembro de1990 (Código de Defesa do Consumidor) (C.D.C) Brasília, DF,11 de setembro de 1990. Disponível em: https://www.planalto.gov.br/ccivil_03/leis/l8078compilado.htm. Acesso em: 11 fev. 2024.

BRASIL. Lei 9.279 de 14 de maio de1996 (Lei de Propriedade Industrial) (L.P.I) Brasília, DF,14 de maio de 1996. Disponível em: https://www.planalto.gov.br/ccivil_03/leis/l9279.htm. Acesso em: 11 fev. 2024.

.

BRASIL. **Lei 10.406 de 10 de janeiro de 2002(Código Civil Brasileiro) (C.C)** Brasília, DF,10 de janeiro de 2002. Disponível em: https://www.planalto.gov.br/ccivil_03/leis/2002/l10406compilada.htm. Acesso em: 11 fev. 2024.

BRASIL. **Lei nº 12.527 de 18 de novembro de 2011 (Lei de Acesso às Informações públicas).**2011. in <http://www.planalto.gov.br/ccivil_03/_ato2011-2014/2011/lei/l12527.htm> Acesso em: 11 fev. 2024.

BRASIL. **Lei 12.965 de 23 de abril de 2014. (Marco civil da internet).** 2014. In <http://www.planalto.gov.br/ccivil_03/_ato2011- 2014/2014/lei/l12965.htm> Acesso em: 11 fev. 2024.

BRASIL. **Lei 13. 709 de 14 de agosto de 2018. (Lei Geral de Proteção de Dados Pessoais) (LGPD).** Brasília, DF, 15 de agosto de 2018 e modificações 2019. Disponível em: http://www.planalto.gov.br/ccivil_03/_ato2015-2018/2018/lei/L13709.htm Acesso em: 11 fev. 2024.

DELGADO, Mauricio Godinho; **Curso de Direito do Trabalho.** Editora: LTR 2020.

SOBRE O AUTOR

Paulo Ricardo Ludgero, especialista em Direito Informático e renomado profissional da área jurídica, possui vasta experiência no campo da proteção de dados e segurança da informação. Com formação em Ciências Jurídicas e inscrito na OAB /PR sob o número 70965, Paulo sempre demonstrou paixão pelo universo do Direito e sua aplicação no contexto digital.

Durante sua trajetória acadêmica, produziu diversos textos para blogs e revistas jurídicas, buscando sempre compartilhar seu conhecimento e insights sobre temas relevantes da área. Seu comprometimento com o aprendizado e a inovação o levou a cursar pós-graduação em Direito Processual Civil na renomada Universidade Cândido Mendes, na cidade do Rio de Janeiro.

Especialista em Assessoria Jurídica relacionada ao Terceiro Setor, Paulo Ludgero tem um destaque especial em lidar com demandas de ONGs, Igrejas e Associações, garantindo que essas instituições estejam em conformidade com as leis vigentes e protejam os dados de seus membros e fiéis.

Com uma sólida formação e experiência, ele também se especializou em Direito Criminal pela PUC-SP e Direito Empresarial com ênfase no Terceiro Setor pela FGV em 2019. Além disso, concluiu pós-graduação em Direito Criminal com especialidade em Compliance empresarial pela FGV em 2020.

Seu contínuo interesse pelo desenvolvimento pessoal e profissional o levou a prosseguir seus estudos, e atualmente, Paulo Ricardo Ludgero é doutorando em Direito Constitucional na renomada Universidade de Buenos Aires.

Autor dos livros:

1) *"PROVAS DIGITAIS: UMA ABORDAGEM COMPLETA NA ERA DIGITAL".*
2) *Iº MANUAL DE CELEBRAÇÕES PARA IGREJAS INCLUSIVAS PLURALISTAS E LEGISLAÇÃO APLICADA.*
3) *LGPD PARA STARTUPS.*
4) *PROVAS DIGITAIS NO DIREITO ELEITORAL BRASILEIRO: DESAFIOS E PERPECTIVAS.*
5) *LGPD E A SUA JORNADA NAS IGREJAS.*
6) *LGPD PARA CONDOMÍNIOS: PROTEGENDO A PRIVACIDADE E SEGURANÇA DOS CONDÔMINOS.*
7) **LGPD PARA ADVOGADOS**.
8) **LGPD PARA CLÍNICAS MÉDICAS: PRESERVANDO A PRIVACIDADE E ÉTICA NO TRATAMENTO DE DADOS DOS PACIENTES**

Já publicados e amplamente reconhecido no campo do Direito Informático, Paulo tem como missão compartilhar seu conhecimento e expertise com a série de livros *"PROTEÇÃO 360: NAVEGANDO NA ERA DA LGPD"*, proporcionando aos leitores orientações práticas e fundamentadas para uma abordagem ética e segura da Lei Geral de Proteção de Dados.

Com uma carreira sólida e comprometida com o avanço do Direito na era digital, Paulo Ricardo Ludgero se destaca como um autor respeitado e comprometido em auxiliar instituições e profissionais a navegarem de forma segura e confiante na aplicação da LGPD.

www.ingramcontent.com/pod-product-compliance
Lightning Source LLC
Chambersburg PA
CBHW071038290526

45795CB00004B/1202